EL DR. DOBSON CONTESTA SUS PREGUNTAS

Matrimonio y sexualidad

Volumen

1

EDITORIAL
UNILIT

Publicado por
Editorial **Unilit**
Miami, Fl. 33172
© 1997 Derechos reservados

Primera edición 1997

Traducción: Luis Marauri

Citas Bíblicas tomadas de la versión Reina Valera,
Revisión 1960 © Sociedades Bíblicas Unidas,
La Biblia de las Américas
© 1986 The Lockman Foundation
La Biblia al Día
© 1979 Living Bible International
Usadas con permiso

Producto 497459
ISBN-0-7899-0031-9
Impreso en Colombia
Printed in Colombia

Contenido

DEDICATORIA

Con cariño dedico este libro a los colegas profesionales y miembros del personal que me ayudan a dirigir las actividades de nuestro ministerio, sin fines de lucro: Focus on the Family (Enfoque a la Familia). Paul Nelson, Gil Moegerle, Peb Jackson, Rolf Zettersten, Mike Trout, y otros 360 colaboradores y amigos están profundamente dedicados a los principios y valores expresados a través de este libro.

Por lo tanto, es totalmente apropiado que aproveche esta oportunidad para expresarles mi agradecimiento por sus esmerados esfuerzos con el fin de preservar a la institución de la familia.

Unas palabras del editor

¿Quién es el doctor James Dobson y qué lo capacita para ofrecer consejos sobre asuntos relacionados con la familia, que van desde la infancia hasta la televisión, y desde la rivalidad entre hermanos hasta la educación sexual? Debemos contestar esta pregunta desde el principio, para beneficio de las personas que no han leído sus libros, visto sus películas, oído sus programas de radio, ni escuchado sus casetes.

Una lista detallada de sus logros y referencias profesionales podría llenar un pequeño libro. No se puede hacer un resumen de su historial personal en una o dos páginas. El doctor Dobson, conocido por millones de personas como el principal defensor de la familia en los Estados Unidos, es un hombre de asombrosos contrastes. Es tanto digno como sencillo; fuerte pero también comprensivo; un verdadero intelectual, y sin embargo simpático y divertido; es un hombre que desempeña muchos cargos al mismo tiempo: sicólogo, autor de varios libros que son éxitos de librería, comentarista social, activista, conferencista de radio, ex profesor de pediatría, y lo más importante de todo: esposo, y padre. En particular, se ha destacado como fundador y presidente de Focus on the Family (Enfoque a la Familia), una organización cristiana cuya influencia ahora alcanza al mundo entero. Su reputación como defensor de los valores tradicionales de la familia, defensor de los niños que todavía no han nacido, y adversario fiel de las tendencias sociales anticristianas, le ha ganado un lugar permanente en los corazones y mentes de una gran cantidad de personas. Él está convencido de que solamente es un hombre que está haciendo lo que puede para fortalecer la institución de la familia y preservar los fundamentos bíblicos de la sociedad; un soldado fiel en lo que él ha llamado "la guerra civil de valores morales".

Algunas de las preguntas y respuestas contenidas en este volumen han sido tomadas de muchos de los libros del doctor Dobson sobre la crianza de los hijos y otros temas relacionados con la familia. El primero de éstos, titulado: *Dare To Discipline* (*Atrévete a disciplinar*) (1970), del cual se han vendido hasta ahora más de tres millones de ejemplares, fue escrito en un tiempo cuando los valores cristianos tradicionales de los años de crianza del autor estaban siendo grandemente menospreciados y puestos en duda. Por todos lados había señales de que la institución de la familia estaba desintegrándose rápidamente. Todos los días, los valores en que él creía parecían estar desapareciendo poco a poco. El doctor Dobson escribió como resultado de su convicción de que hay respuestas prácticas a muchos de los problemas con que se enfrentan las familias, soluciones en las que se puede confiar no porque se basen en las ideas de él, sino porque están arraigadas en verdades eternas. Como ha dicho:

> Si hay un motivo detrás de lo que hago, no es ninguno más ambicioso que relacionar a la familia moderna con la sabiduría de la ética judeocristiana, la sabiduría tradicional que ha estado con nosotros por miles de años. Los principios no han cambiado, y todavía producen resultados. Me refiero a la disciplina, el amor, la autoestima, la lealtad y la fidelidad entre los cónyuges, y el compromiso dentro de la familia. Estas no son ideas nuevas; nunca he dicho que yo creé algo nuevo. Por eso tengo confianza en estos conceptos, porque no fueron creados por mí. Ya existían desde mucho antes de yo nacer. Todo lo que

he tratado de hacer ha sido tomar la sabiduría que ha estado con nosotros por miles de años y presentarla de una manera que las personas encuentren interesante y divertida. Espero que les entusiasme y provea motivación para que los padres hagan lo que probablemente ya sabían que era correcto.

Atrévete a disciplinar fue seguido por una larga lista de otros éxitos de librería, tales como: *Hide or Seek* (*Criemos niños seguros de sí mismos*), *What Wives Wish Their Husbands Knew About Women* (*Lo que las esposas desean que los maridos sepan sobre las mujeres*), *Preparing For Adolescence* (*Preparémonos para la adolescencia*), *Straight Talk* (*Hablemos con franqueza*), *Emotions: Can You Trust Them?* (*Emociones: ¿puede confiar en ellas?*), *Love Must Be Tough* (*El amor debe ser firme*), *Parenting Isn't For Cowards* (*Tener hijos no es para cobardes*), *Love For A Lifetime* (*Amor para toda la vida*), *When God Doesn't Make Sense* (*Cuando lo que Dios hace no tiene sentido*), *Life On The Edge* (*Frente a la vida*); y *The Strong-Willed Child, Children At Risk* y *Home With A Heart*[1], que no están disponibles en español. Y su trabajo como escritor ha sido una pequeña parte, solamente el principio, de los esfuerzos del doctor Dobson, a favor de la familia. Parece que sus amigos y colegas hablan en serio cuando mencionan su "tremenda capacidad para el trabajo".

El doctor Dobson comenzó el ministerio de Enfoque a la Familia en 1977, con un programa semanal de radio de 25 minutos. De ese principio humilde ha crecido hasta convertirse en una organización cristiana, sin fines de lucro, conocida internacionalmente, que comprende más de 70 ministerios separados y que emplea a un personal de tiempo completo, de más de 1200 personas. "Focus on the Family", en inglés, es ahora un programa diario de media hora que se oye en más

---

1.   Próximamente en español publicado por esta editorial Unilit.

de 2900 emisoras a través de América del Norte y en cinco idiomas por medio de aproximadamente 1300 emisoras en más de 60 países alrededor del mundo. La sede de Enfoque a la Familia en Colorado Springs bulle de actividad. Sus distintos departamentos producen periódicos, películas, videos, libros, casetes, y, además del programa de radio diario, una variedad de otros programas, como el "Comentario de Enfoque a la Familia", programa de 90 segundos dirigido a auditorios seculares, que se transmite por más de 300 emisoras. La producción de los programas y los materiales, así como los distintos servicios de ayuda que ofrece el ministerio, cuentan con el apoyo del Departamento de Correspondencia, que todos los días prepara respuestas personalizadas para miles de cartas, y de un personal especializado de sicólogos y consejeros familiares acreditados, que dan consejos prácticos por teléfono. Y la actividad continúa. En estos momentos, Enfoque a la Familia, bajo el liderazgo del doctor Dobson, sigue expandiendo sus horizontes. Hasta ahora, no hay ningún indicio de que el fin del crecimiento de este ministerio se esté acercando.

¿Y cómo ve el doctor Dobson el tremendo crecimiento y éxito de la organización que él comenzó en 1977 con un personal de dos miembros, en una pequeña oficina en California? La siguiente declaración, tomada de las normas de orientación que él redactó personalmente para el ministerio en sus primeros días, resume maravillosamente su actitud:

> Este ministerio pertenece a Dios, no a James Dobson. No es ni un monumento a mi ego ni un legado a mi memoria. Enfoque a la Familia no lleva mi nombre... los edificios no han sido dedicados a mí... nosotros no hemos fundado una Universidad de James Dobson. Yo soy simplemente un compañero de los demás creyentes en el trabajo del reino de Dios.

Estas son palabras humildes, que caracterizan a un hombre que tiene un doctorado en la especialidad del desarrollo infantil, y cuyo trabajo ha sido reconocido con no menos de diez doctorados honoris causa; que ha sido honrado con varios premios especiales al mérito y ha servido bajo tres presidentes de Estados Unidos en varios comités del gobierno.

Los conocimientos y la amplia experiencia de este hombre se ponen al descubierto en sus respuestas a una gran cantidad de preguntas sobre distintos asuntos que conciernen a todas las familias.Será obvio para todos los que lean este libro y los otros dos de esta serie, por qué los consejos del doctor Dobson han ayudado a millones de personas alrededor del mundo.

1

El amor romántico

¿ **¿Cree usted que el amor a primera vista sucede entre algunas personas?**

Aunque algunos lectores no estarán de acuerdo conmigo, el amor a primera vista es una imposibilidad física y emocional. ¿Por qué? Porque el amor no es simplemente una sensación de excitación romántica; es más que el deseo de casarse con un posible compañero o compañera; va más allá de la atracción sexual fuerte; sobrepasa la emoción de haber "capturado" a una presa social altamente deseable. Estas son emociones que se producen a primera vista, pero *no constituyen amor*.

El amor verdadero, a diferencia de la opinión popular, es una expresión del más profundo aprecio por otro ser humano; es tener un conocimiento muy grande de sus necesidades y anhelos: pasados, presentes y futuros. Es desinteresado y dadivoso, y se preocupa por el bienestar de la persona amada. Y créame, éstas no son actitudes que se producen a primera vista.

Yo he desarrollado un amor de toda la vida hacia mi esposa, pero no fue algo que sucedió en un momento. Fui *creciendo* en ello, y ese proceso requirió tiempo. Tuve que conocerla antes que pudiera apreciar la profundidad y la estabilidad de su carácter, para llegar a familiarizarme con los distintos aspectos de su personalidad, que ahora aprecio. La intimidad, de la cual florece el amor, simplemente no podría producirse en "una noche maravillosa, en un lugar lleno de personas". ¡No se puede amar un objeto desconocido, sin importar cuán atractivo o provocativo sea!

¿ **¿Cree usted que puede distinguirse fácilmente entre el amor verdadero y un capricho?**

No, no lo creo. Y con el mayor énfasis debo insistir en esto: Lo emocionante que es un capricho hace que el mismo se sienta como si fuera amor de la mejor calidad, pero *nunca* es una condición permanente. Si usted espera vivir en la cumbre de esa montaña, año tras año, ¡puede olvidarse de ello! Las emociones oscilan de un nivel alto a uno bajo y otra vez a uno alto, en un ciclo rítmico, y en vista de que la excitación romántica es una emoción, naturalmente ésta oscilará también.

¿Cómo se puede distinguir, entonces, entre el amor verdadero y un capricho pasajero? Si los sentimientos no son de fiar, ¿cómo puede uno saber que la entrega de su voluntad tiene algún valor? Solamente hay una respuesta a estas preguntas: Requiere tiempo. El mejor consejo que puedo darle a una pareja que está pensando en casarse (o en tomar cualquier otra decisión importante) es este: no tome *ninguna* decisión importante, que pueda afectar toda su vida, rápida o impulsivamente. Y cuando tenga dudas, deténgase por un rato. Esta es una buena sugerencia que todos debiéramos poner en práctica.

¿ **Cree usted que Dios selecciona a una persona en particular para cada cristiano que se casa, y que Él persiste hasta que les une?**

No. En realidad, esa es una suposición peligrosa para que se confíe en ella. Un joven, a quien yo estaba aconsejando, me dijo una vez, que se despertó a medianoche con la fuerte impresión de que Dios quería que se casara con una señorita a la que en realidad sólo conocía de una manera muy superficial. Ni siquiera habían salido juntos. El día siguiente por la mañana la llamó y le comunicó el mensaje, que según creía, Dios le había enviado durante la noche. La muchacha llegó a la conclusión de que no debía discutir con Dios y aceptó la propuesta matrimonial. Ellos, ahora, han estado casados por siete años, y han estado luchando por la supervivencia de su matrimonio desde el día de la boda.

Cualquier persona que crea que Dios toma control de la libertad que el individuo tiene para elegir, y que de ese modo garantiza a cada cristiano un matrimonio que tendrá éxito, se va a llevar una gran sorpresa. Esto no quiere decir que Dios no tiene interés en la elección del compañero o compañera matrimonial, o que Él no va a contestar si se le pide de manera específica su dirección en esta decisión que es de suma importancia. Por cierto, debería buscarse la voluntad de Dios en un asunto tan serio, y yo le consulté a Él varias veces antes de proponerle matrimonio a la que es mi esposa. Sin embargo, no creo que Dios realiza un servicio habitual de buscarles pareja a todos los solteros que le adoran. Él nos ha dado discernimiento, sentido común y la capacidad para decidir, y espera que ejerzamos estas facultades en el asunto matrimonial. Es probable que los que creen de otro modo entren al matrimonio sin pensar seriamente en ello, diciendo: "Dios nos lo habría impedido si Él no lo hubiera aprobado". Esa es una actitud muy peligrosa ante una decisión tan importante.

¿ **¿Cree usted que el amor verdadero entre marido y mujer es permanente, y durará toda la vida?**

Puede, y en realidad, debe durar toda la vida. Sin embargo, incluso el amor verdadero es una flor frágil. Se tiene que mantener y proteger para que sobreviva. El amor puede perecer cuando el esposo trabaja siete días a la semana... cuando no hay tiempo para la actividad romántica... cuando él y su esposa no recuerdan cómo conversar el uno con el otro.

El brillo de la relación amorosa se puede oscurecer como resultado de las presiones rutinarias de la vida. ¿Qué prioridad tiene su matrimonio dentro de su jerarquía de valores? ¿Sólo le da las sobras de su ocupada agenda, o es algo de gran valor que usted protege y apoya? Si no se le presta atención, puede morir.

¿ **Soy una muchacha de 19 años y aún estoy soltera. Me doy cuenta de algunas circunstancias espantosas que pueden suceder en el matrimonio. Si eso es así, entonces, ¿para qué casarme?**

Confieso que enfrentarse con un mal matrimonio puede ser una experiencia horrible; sin embargo, yo le garantizo que un buen matrimonio es un tesoro de por vida. En mi propia opinión, yo puedo decir que mi matrimonio con Shirley es la mejor cosa que me ha sucedido, y quizá hay millones de personas que pueden testificar de la misma forma. Como usted sabe, la vida trae problemas sin importar las decisiones que uno tome; de manera que si usted se queda soltera, sus frustraciones serán de otra naturaleza, pero inevitablemente las tendrá. Ya sea que se case o no, yo le daría el mismo consejo que me dio un maestro de escuela dominical cuando yo tenía ocho años. No recuerdo su nombre, pero él dijo: "No te cases con la persona con la cual podrías vivir, más bien cásate con la persona sin la cual no podrías vivir... si tal persona aparece algún día". De cualquier manera, yo pienso que usted aún tiene una ventaja sabiendo que el matrimonio no es la cura para todos los males, que si éste va a alcanzar su potencial, requerirá una profunda dedicación de parte del esposo y la esposa.

¿ **¿Cree usted que los esposos felices debieran ser capaces de vivir juntos sin pelear el uno con el otro?**

No lo creo. Los matrimonios más saludables son aquellos en los cuales la pareja ha aprendido *cómo* pelear, es decir, cómo ventilar la ira sin hacerse daño el uno al otro. Lo que estoy diciendo es que existe una diferencia entre el combate que es saludable y el que no lo es, dependiendo de la forma en que se manejen los desacuerdos. En un matrimonio inestable el propósito de la hostilidad suele ser herir, y frecuentemente se dirige en contra de la persona del esposo o la esposa: "Tú nunca haces nada bien; no sé por qué me casé contigo. Es increíble que seas tan tonta, y cada día que pasa te pareces más a tu madre". Críticas personales, como éstas, atacan al corazón de la autoestima de la persona, y producen una conmoción interna. Es claro, que tal combate rencoroso es muy dañino para la relación matrimonial. Por otra parte, el conflicto saludable permanece enfocado en el problema alrededor del cual comenzó el desacuerdo: "¡Estás gastando el dinero más rápido de lo que yo puedo ganarlo!" "Me molesta cuando no me dices que vas a llegar tarde para la cena". "Me sentí avergonzada anoche, cuando me hiciste parecer una tonta en la fiesta". Estas áreas de lucha, aunque tenemos que admitir que son emocionales y producen tensión, son mucho menos dañinas a las personalidades de las fuerzas en conflicto. Una pareja saludable puede resolverlas por medio de concesiones y negociaciones, con unas pocas heridas que curar la mañana siguiente.

La habilidad de pelear en una forma *correcta* puede ser el concepto más importante que debieran aprender los recién casados. A los que nunca comprenden este método, sólo les quedan dos alternativas: (1) guardarse la ira y el resentimiento adentro, en silencio, en donde producirán irritación y se acumularán por años, o (2) atacar directamente a la persona del compañero o compañera. Los tribunales de divorcio están bien ocupadas con parejas de las dos categorías.

2
Conflictos en el matrimonio

¿ **¿Cuál es el problema matrimonial *más* común entre los que acuden a su oficina?**

Supongamos que tengo una cita para asesoramiento mañana a las cuatro de la tarde con una persona a la que no conozco. ¿Quién es esa persona y cuál será la queja que la hará acudir a mí? En primer lugar, probablemente será una señora, y no su esposo. Un hombre pocas veces es el primero que busca asesoramiento matrimonial, y cuando lo busca, es por un motivo distinto del de su esposa. Ella viene porque ya no soporta su matrimonio. Cuando el hombre viene es porque ya no soporta a su *esposa*.

La señora quizá tendrá entre 28 y 42 años de edad, y su problema será *bastante* conocido para mí. Aunque los detalles variarán, la frustración que ella me comunicará se conformará a un patrón bien conocido. Será algo como lo siguiente:

Juan y yo nos amábamos intensamente cuando nos casamos. Luchamos los primeros dos o tres años, especialmente con los problemas económicos, pero yo sabía que él me amaba y él sabía que yo le amaba.

Pero luego algo empezó a cambiar. No estoy segura de cómo explicar el cambio. Él consiguió un ascenso hace unos cinco años, lo cual requería que trabajara más horas. Nos hacía falta el dinero, así que no nos molestaba el tiempo adicional que pasaba en el trabajo. Pero eso nunca terminó. Ahora llega tarde todos los días, y está tan cansado que puedo escuchar cómo arrastra los pies al entrar en la casa. Todo el día anhelo la hora en que él llegue, porque quiero contarle tantas cosas, pero no tiene ganas de conversar. Así que le preparo su cena y come solo. (Yo acostumbro a comer con los niños más temprano.) Después de la cena, Juan hace unas llamadas telefónicas y trabaja un rato en su escritorio. Francamente, me gusta que hable por teléfono porque así puedo escuchar su voz. Luego mira televisión por unas dos horas y se acuesta a dormir, excepto los martes que juega baloncesto, y algunas veces tiene una reunión en la oficina. Todos los sábados juega golf con tres amigos. Los domingos estamos en la iglesia casi todo el día. Créame, a veces no tenemos una conversación que valga la pena por uno o dos meses. ¿Me entiende? Me siento tan sola en la casa con los tres niños que están sobre mí todo el día. Ni siquiera hay mujeres en nuestra vecindad con quienes pueda hablar, porque casi todas trabajan. Pero hay otras cosas de Juan que me irritan. Casi nunca me lleva a cenar a un restaurante, y el mes pasado se olvidó de nuestro aniversario, y realmente estoy convencida de que nunca tiene un pensamiento romántico. No sabría distinguir entre una rosa y un clavel; y sus tarjetas de Navidad las firma simplemente: "Juan". No hay intimidad o cariño entre nosotros, y sin embargo, quiere tener relaciones sexuales conmigo al final del día. Allí nos encontramos, acostados en la cama, después de no haber tenido comunicación en varias semanas. Él no ha intentado ser dulce o comprensivo o tierno, sin embargo, espera que yo me apasione y responda sexualmente a él. ¿Sabe usted?, simplemente no puedo. Claro, cumplo con mi deber conyugal, pero no me sirve de nada. Después que la excitación de dos minutos se termina, y Juan se queda dormido, me quedo despierta resintiéndole y sintiéndome como cualquier prostituta barata. ¿Puede creer eso usted? ¡Cuando tengo relaciones sexuales con mi esposo, siento que él se ha aprovechado de mí! ¡Eso me deprime mucho! Incluso, he estado bastante deprimida últimamente. Mi autoestima está por los suelos ahora. Creo que nadie me ama, que no sirvo como madre, y que soy una terrible esposa. Algunas veces pienso que Dios probablemente tampoco me ama. Ahora le diré lo que ha estado sucediendo entre nosotros muy recientemente. Hemos estado discutiendo mucho. Más bien hemos estado peleando de verdad. Supongo que sólo así logro que me preste atención. La semana pasada tuvimos una batalla increíble delante de los niños. Fue terrible. Hubo lágrimas, gritería, insultos. Hubo de todo. Pasé dos noches en casa de mi mamá. Ahora no puedo pensar en otra cosa que no sea el divorcio para poder escapar. De cualquier modo, Juan no me ama, así que, ¿qué importa? Supongo que por eso vine a verlo a usted. Quiero saber si es correcto darme por vencida.

La señora habla como si fuera la única mujer en el mundo que ha experimentado esta clase de necesidades. Pero no está sola. Yo calcularía que 90 por ciento de los divorcios que ocurren cada año incluye por lo menos algunos de los elementos que ella ha descrito: un esposo demasiado ocupado, que ama a su trabajo y tiene la tendencia a ser algo insensible, nada romántico y poco comunicativo, casado con una mujer que se siente sola, que es vulnerable y romántica, y está llena de dudas acerca de su valor como ser humano. Los dos llegan a ser un equipo formidable: él trabaja como un burro y ella lo regaña continuamente.

¿ **Mi esposo es un poco insensible a mis necesidades, pero creo que está dispuesto a mejorar si me fuera posible enseñarle cómo soy diferente de él. ¿Podría usted ayudarme a comunicarle mis necesidades de una manera efectiva?**

En primer lugar, permítame decirle la forma en que *no* debe ocuparse de esta tarea. No recurra a un bombardeo de súplicas, críticas, regaños, quejas y acusaciones. El hombre agotado, que unos momentos antes acaba de llegar a casa, percibe este método de la siguiente manera: "Deja ese periódico, Jorge, y préstame cinco minutos de tu tiempo. Sólo cinco minutos, ¿es mucho pedirte? De todos modos, nunca te interesan mis sentimientos. ¿Cuánto tiempo hace que me llevaste a un restaurante a cenar? Y si me llevaras, probablemente llevarías el periódico contigo. ¿Sabes, Jorge?, algunas veces creo que ya no te importamos ni yo ni los niños. Si sólo una vez, sólo una vez, mostraras un poco de amor y comprensión, me desmayaría del susto".

Obviamente, ésta no es la manera de atraer la atención de Jorge. Es como si lo golpeara con un palo en la cabeza, rara vez lograría más que hacerlo gruñir cuando se levantara del suelo. En lugar de eso, busque oportunidades para enseñarle a su esposo durante momentos de intimidad y comprensión. Esa instrucción requiere del momento favorable, el ambiente correcto y la manera apropiada para poder lograr el resultado deseado.

1. *El momento favorable*. Escoja un momento cuando generalmente él parece estar más interesado y de mejor humor; quizá después de la cena, o después que se apaguen las luces por la noche, o al comienzo del nuevo día. El peor momento es durante la primera hora después que ha llegado del trabajo, y sin embargo, ésa es la hora más común para el combate. No se meta en un debate tan serio sin hacer planes que sean adecuados, aprovechando cada oportunidad que se le presente para lograr el éxito deseado.

2. *El ambiente correcto*. La situación ideal sería pedirle a su esposo que la llevara a un lugar placentero a pasar la noche o un fin de semana. Si debido a dificultades económicas él le negara esto, ahorre usted misma dinero, tomándolo de los gastos de la casa o de otros recursos. Si es imposible salir el fin de semana, la siguiente alternativa sería contratar a una niñera para cuidar a sus hijos mientras ustedes salen a desayunar o cenar solos a un restaurante. Si eso tampoco es posible, escoja una ocasión en el hogar cuando los niños estén ocupados, y en la que pueda dejar el teléfono descolgado para que no vayan a ser interrumpidos. Sin embargo, hablando de manera general, mientras más lejos estén de la casa, con sus obligaciones, problemas y estrés, mejor será su oportunidad para lograr una verdadera comunicación.

3. *La manera apropiada*. Es muy importante que su esposo no vea la conversación como un ataque personal. Todos estamos equipados con defensas emocionales que vienen en nuestra ayuda cuando nos ofenden. No active esos mecanismos de defensa. Más bien, usted debe comportarse de una manera tan agradable, cariñosa y comprensiva como sea posible de acuerdo con las circunstancias. Hágale saber que usted está tratando de darle a entender los deseos y necesidades que *usted* tiene, no las incapacidades y defectos de *él*. Usted debe tener en cuenta el estado emocional de su esposo. Posponga la conversación si él se encuentra bajo tensión extraordinaria en su trabajo, o no se siente bien, o si recientemente ha sido golpeado por circunstancias adversas o acontecimientos difíciles. Luego, cuando se unan el momento favorable, el ambiente correcto y la manera apropiada para producir un momento de oportunidad, exprese sus sentimientos fuertes de una manera tan efectiva como le sea posible hacerlo. Y como toda una mujer: esté bien *preparada*.

¿ **¿Está usted insinuando que una mujer debería arrastrarse delante del marido, como lo hace un perrito sumiso para que su amo le acaricie?**

¡Por supuesto que no! Es sumamente importante el mantener claramente perceptible un elemento de dignidad y de respeto personal *a través* de *toda* la relación entre el marido y la mujer. Esto nos lleva a una área que requiere gran énfasis. He observado que muchos matrimonios (pudiera ser que la mayoría) padecen de una falta de reconocimiento de una característica universal de la naturaleza humana. *Se trata de que le damos valor a aquello que tenemos la suerte de obtener, y ¡rechazamos lo que no podemos quitarnos de encima! Codiciamos lo que está fuera de nuestro alcance, y despreciamos el mismo objeto cuando se ha convertido en nuestra posesión permanente*. Ningún juguete resulta ser tan divertido, cuando ya lo tiene el niño, como le parecía cuando lo miró con tanto deseo en la tienda. Pocas veces, su automóvil costoso le provee a un hombre la satisfacción que esperaba cuando soñaba con adquirirlo. Este principio es aun más notablemente exacto en las aventuras románticas, sobre todo en cuanto a los hombres.

Veamos el caso extremo de un Don Juan, el amante perpetuo que salta de una mujer a otra. Su corazón late apresuradamente por la princesa que lo esquiva dejando caer su zapatilla de cristal al salir huyendo. Él concentra toda su energía en tratar de capturarla. Sin embargo, la intensidad de su deseo depende de lo inaccesible que ella sea. Desde el momento en que sus sueños apasionados se convierten en una realidad, comienza a preguntarse: "¿Es ésta realmente la que quiero tener?" A medida que la relación avanza en la dirección de las circunstancias rutinarias de la vida diaria, se siente atraído por nuevas princesas, y comienza a pensar cómo escaparse del modelo antiguo.

Ahora bien, no estoy insinuando que todos los hombres son tan inestables y explotadores como el que he descrito. Pero en un grado menor, la mayoría de los hombres y las mujeres son movidos por los mismos impulsos. Cuántas veces he visto que una relación matrimonial aburrida se convierte en un torrente de deseos en el momento en que uno de los cónyuges rechaza al otro y lo abandona. Después de años de falta de interés, de repente el "rechazado" arde desesperadamente con deseos románticos.

Este principio se hace aun más evidente para mí en este momento. Ahora mismo, al escribir estas palabras, estoy sentado en la sala de espera de un hospital grande, mientras mi esposa es sometida a una intervención quirúrgica abdominal bastante delicada. Estoy escribiendo para aminorar mi tensión y ansiedad. Aunque yo siempre he estado muy unido a Shirley, mi aprecio y mi amor hacia ella se encuentran en su punto máximo durante este tiempo. Hace menos de cinco minutos un cirujano salió del quirófano con un rostro afligido, e informó al señor que estaba sentado junto a mí que su esposa está llena de cáncer. Le habló con toda franqueza del informe patológico desfavorable y la infestación maligna. El cirujano de Shirley hablará conmigo en menos de una hora, y siento mi vulnerabilidad de manera palpable. Aunque mi amor por mi esposa *nunca* ha disminuido durante nuestros 14 años de matrimonio, raras veces ha sido tan intenso como en este momento de peligro. ¿Ve usted?, nuestras emociones no sólo son afectadas por el desafío de conseguir algo, sino también por la posibilidad de una pérdida irreparable. (El cirujano se acercó a mí mientras escribía lo anterior, informándome que mi esposa había salido de la operación sin complicación alguna, y que el médico patólogo no había reconocido ningún tejido anormal. ¡Soy un hombre muy agradecido! Siento una profunda compasión por la familia menos afortunada, cuya tragedia vi hoy.)

Discúlpeme por repetir lo mismo otra vez, pero este principio es muy importante: *Anhelamos lo que no podemos conseguir, pero despreciamos aquello de lo que no podemos escaparnos.* Esta verdad es aplicable especialmente a los asuntos románticos, y probablemente haya influenciado la vida amorosa de *usted*. Ahora bien, algo relacionado con esta característica, y que ha sido olvidado, es que el matrimonio no la cambia. Cuando un esposo o una esposa se humilla por medio de su falta de respeto de sí mismo; cuando muestra sus temores de que su cónyuge le rechace, frecuentemente se enfrenta con una desconcertante actitud de desprecio de parte de aquel o aquella a quien ama y necesita. Tal y como sucede en el noviazgo, no hay nada que apague más la llama del amor romántico que el hecho de que uno de los que forman la pareja se arroje sobre el otro emocionalmente, aceptando tranquilamente que se le falte al respeto. En realidad esa persona está diciendo: "No importa qué tan mal me trates, permaneceré aquí, a tus pies, porque no puedo vivir sin ti". Esta es la mejor manera que conozco para matar un hermoso romance.

Así que, ¿será que estoy recomendando que el marido y la mujer se arañen y se desgarren el uno al otro para mostrar su independencia? ¡No! ¿O será que estoy sugiriendo que jueguen al gato y al ratón para recrear el "reto" de la conquista? ¡De ninguna manera! Simplemente estoy sugiriendo que el respeto de sí mismo y la dignidad personal sean mantenidos en la relación matrimonial.

¿ **Estoy segura de que estoy perdiendo a mi marido. Él se muestra aburrido y sin ningún interés en mí. En público se porta grosero conmigo, y casi no me habla en la casa. Desde luego, ya no tenemos relaciones sexuales. Aunque todos los días le ruego que me ame, no consigo nada de él. ¿Cómo puedo salvar mi matrimonio?**

Lo que esta señora describe son los síntomas de un mal al cual yo llamo: "el síndrome de estar atrapado". Esto sucede cuando el esposo se dice a sí mismo: "Tengo 35 años (o la edad que sea), y ya me estoy poniendo viejo. Me pregunto si me gustaría vivir con mi esposa por el resto de mis días. Ya me aburrí de ella, además me interesan más otras mujeres, pero no tengo otra salida; me siento atrapado". Estos son sentimientos que generalmente vienen antes de la infidelidad mental, y sin duda se puede sentir la separación entre un esposo y su mujer.

¿Cómo debe reaccionar una mujer cuando se da cuenta de que su esposo se siente atrapado? Obviamente, lo peor que ella puede hacer es reforzar la jaula, sin embargo, probablemente ésta será su primera reacción. Mientras ella piense en lo importante que él es para ella, en qué haría sin él, y si él está o no involucrado con otra mujer, su ansiedad quizá la impulse a aferrarse a él. Pero todo este ruego y humillación hará que él pierda todo respeto por ella, y que consecuentemente su relación continúe despedazándose. A través de mi experiencia como consejero familiar he descubierto un método más eficaz. La mejor forma de lograr que el esposo regrese, no es seguirlo cuando se aleja del centro de la relación. En vez de preguntarle: "¿Por qué me tratas así?" y "¿Por qué no me hablas?" y "¿Por qué ya no te importo?", ella debe alejarse un poquito también. Cuando pasa por el corredor de la casa cerca de su esposo, y normalmente le daría una caricia o buscaría su atención, debe pasar por enfrente de él sin fijarse en absoluto. Cuando él guarda silencio, ella también debe guardar silencio. No debe sentirse hostil o agresiva, lista para explotar cuando él finalmente le pregunte qué pasa. Más bien, debe responder de manera amable, estando tranquilamente confiada, independiente y misteriosa. El efecto de este comportamiento es como abrir la puerta de su jaula. En vez de aferrarse a él desesperadamente, ella lo debe soltar y así poner en la mente de él un cierto desafío. Entonces, él comenzará a preguntarse si está yendo demasiado lejos, y a darse cuenta de que tal vez esté a punto de perder lo más precioso de su vida. Si eso no lo hace cambiar, entonces la relación ya está totalmente muerta.

Lo que estoy recomendando es extremadamente difícil de expresar por escrito, y sin duda muchos de mis lectores me malinterpretarán sobre este asunto. No he sugerido que usted, señora, se levante con ira, dé una patada en el suelo exigiendo sus derechos domésticos, o que esté continuamente airada y se guarde el enojo en silencio. Por favor, no me asocie con aquellas voces contemporáneas que están movilizando las tropas femeninas para el combate total entre los sexos. Nada me parece menos atractivo que una mujer airada que exige recibir lo que le corresponde a como dé lugar. No, la respuesta no se encuentra en la agresión hostil, ¡sino en el respeto de sí misma que se manifiesta en una actitud llena de tranquilidad!

En pocas palabras, la dignidad personal dentro del matrimonio se mantiene de la misma manera que se produjo durante el noviazgo. La actitud debe ser: "Te amo, y estoy totalmente comprometida a ti, pero sólo puedo controlar mi mitad de la relación. No puedo exigir que me ames. Tú te acercaste a mí por tu propia voluntad cuando decidimos casarnos. Nadie nos obligó a unirnos. Esa misma voluntad propia es necesaria para mantener vivo nuestro amor. Si decides abandonarme, quedaré agobiada y herida mucho más de lo que me puedo imaginar, porque he compartido toda mi vida contigo. Sin embargo, permitiré que te vayas, y finalmente lograré sobrevivir. No podía exigir tu cariño al principio, y lo único que puedo hacer ahora es pedírtelo".

Por alguna razón, abrir la jaula de esa manera, suele tener como resultado cambios verdaderamente revolucionarios dentro de una relación.

¿ Aunque amo mucho a mi esposa (y estoy convencido de que ella me ama a mí), nuestra relación matrimonial se ha estancado en los últimos años. Parece que todo lo que hacemos es trabajar: limpiar la casa, cuidar a los niños, reparar el techo, arreglar el auto, etcétera. Usted sabe, nos esforzamos en tratar de seguir adelante con las responsabilidades rutinarias de la vida. ¿Cómo podemos escapar de este estilo de vida que mata? ¿Cómo podemos avivar nuestro matrimonio?

Usted ha descrito una situación a la cual llamo: "la vida recta", refiriéndome a las responsabilidades interminables de la vida del adulto, que llegan a ser abrumadoras y debilitantes para un matrimonio. Permitir que esto continúe sin que haya un cambio es sacrificar algo precioso en su relación. Sugiero que usted y su esposa hagan un esfuerzo consciente para reponer cuatro ingredientes en sus vidas, comenzando con el placer. Ustedes debieran salir juntos, por lo menos una vez a la semana, dejando a los hijos en casa. Además, la familia debiera disfrutar de alguna clase de deporte o actividades de recreación, ya sea tenis, natación o alguna otra opción.

En segundo lugar, usted debería esforzarse por mantener encendido el fuego romántico en su relación matrimonial, por medio de notas amorosas, sorpresas, cenas a media luz, y viajes de fin de semana, entre otras posibilidades.

En tercer lugar, ustedes deben reservar algo de su tiempo y energía para que puedan disfrutar de una actividad sexual que valga la pena. Los cuerpos cansados producen cansancio sexual. El aspecto físico de la relación matrimonial puede ser abordado de una manera creativa, y en verdad, así debe ser.

Y, por último, los matrimonios más prósperos son aquellos en los cuales ambos, el esposo y la esposa, se esfuerzan por edificar la autoestima del otro. Las necesidades personales *sí* pueden ser satisfechas dentro del matrimonio, y nada contribuye más a la intimidad y a la estabilidad que el expresar respeto por el cónyuge.

Cada adulto responsable debe enfrentarse a las obligaciones de la vida recta, pero esas responsabilidades no tienen por qué atacar la salud mental y física, y la armonía matrimonial.

¿ **He llegado a la conclusión de que mi esposo *no* puede comprender mis necesidades emocionales. No lee los libros que le doy, ni tampoco me habla acerca de mis frustraciones. Sin embargo, es un buen hombre, que me es fiel y ha sido un padre eficiente. ¿Qué me recomienda usted que yo haga con este dilema?**

La respuesta que le voy a dar *no* la satisfará. Pero sé que está de acuerdo con la voluntad de Dios. Mi consejo es que usted cambie lo que se pueda cambiar, explique lo que se pueda comprender, enseñe lo que se pueda aprender, modifique lo que se pueda mejorar, resuelva lo que tenga solución, y negocie lo que se considere negociable. Haga el mejor matrimonio posible con los materiales sin refinar provistos por dos seres humanos imperfectos y con dos personalidades totalmente distintas. *Pero en cuanto a todos los bordes ásperos que nunca se pueden pulir y todas las faltas que nunca se podrán erradicar, trate de desarrollar la mejor perspectiva posible, y decídase a aceptar la realidad tal como es.* El primer principio de la salud mental es aceptar lo que no se puede cambiar. Es fácil sentirse completamente desanimado por causa de las circunstancias adversas que no podemos controlar. Usted puede *decidir* permanecer estable, o puede ceder a la cobardía.

Alguien escribió:

> La vida no me puede dar gozo y paz;
> depende de mí tenerlos.
> La vida sólo me da tiempo y espacio;
> depende de mí llenarlos.

¿Puede aceptar usted el hecho de que su esposo *nunca* podrá satisfacer todas sus necesidades y aspiraciones? Pocas veces, un ser humano logra satisfacer todos los deseos y esperanzas que hay en el corazón de otro.

Obviamente, esta moneda tiene dos caras: Usted tampoco puede ser su mujer perfecta. Su esposo no puede comprender cada una de sus necesidades emocionales, de la misma forma que usted no puede tampoco satisfacerlo sexualmente todo el tiempo. Ambos cónyuges tienen que aceptar las debilidades, las faltas, la irritabilidad, la fatiga, y las "jaquecas" nocturnas ocasionales.

Un buen matrimonio no es uno donde reina la perfección; es una relación en la que una perspectiva saludable pasa por alto una multitud de problemas que no se pueden resolver. ¡Gracias a Dios, mi esposa Shirley, ha adoptado esa actitud para conmigo!

¿ **Usted utilizó la palabra "perspectiva" dos veces en la respuesta anterior. ¿Puede explicar qué quiere decir con ella?**

Permítame expresar la idea de otra manera. Una pequeña revisión en la percepción que usted tiene de su marido puede hacer que él le parezca mucho más noble. La talentosa autora (y también mi amiga), Joyce Landorf, ha explicado esta perspectiva mejor que nadie a quien yo haya escuchado. Durante los primeros años de su matrimonio, ella se enojaba con su marido, por una infinidad de razones. Su esposo, Dick, sin darse cuenta la insultaba con su forma de ser y con su personalidad. Por ejemplo, cada noche antes de acostarse, él le preguntaba: "Joyce, ¿cerraste la puerta trasera de la casa?" Ella siempre contestaba afirmativamente, y entonces él iba enseguida a comprobarlo. Sólo había dos maneras en las que ella podía interpretar su comportamiento. O él pensaba que le mentía en cuanto a la puerta, o no creía que ella tuviera suficiente inteligencia para recordar si la había cerrado. Ambas alternativas hacían que Joyce se pusiese furiosa. Esta escena simbolizaba muchos otros conflictos entre los dos.

Entonces, una noche cuando Dick, sin fallar, procedió a comprobar si la puerta estaba cerrada, el Señor le habló a ella.

"Mira bien a tu esposo, Joyce", le dijo.

"¿A qué te refieres, Señor?", preguntó.

"He hecho de él un verificador de puertas cerradas; un hombre muy cuidadoso. Por eso es tan buen banquero. Él puede examinar una lista de números e instantáneamente encontrar un error que otros han pasado por alto. Le he dado la habilidad de llevar a cabo responsabilidades bancarias. Sí, Joyce, yo he hecho que Dick sea un 'verificador de puertas', y quiero que lo aceptes de esa forma".

Qué idea tan extraordinaria. Muchas veces, la característica más irritante de un hombre, es un efecto secundario de la cualidad que su esposa aprecia más. Quizá su frugalidad y su tacañería, que ella detesta, le han hecho tener éxito en los negocios, lo cual ella admira mucho. O, quizá, la atención suya, a las necesidades de la madre de él, lo cual molesta a su esposa, es otra dimensión de su dedicación a su propia familia. O, tal vez, su firmeza de carácter en los días de crisis, que hizo que su esposa fuese atraída a él, está relacionada con su falta de espontaneidad y exuberancia durante los días tranquilos. *El caso es que Dios le dio a su esposo el temperamento que tiene, y usted debe aceptar las características que no pueden ser cambiadas por él. Después de todo, él debe hacer lo mismo por usted.* Yo sé que es la voluntad de Dios que nosotros perseveremos, Él quiere que seamos fuertes, que veamos esta vida como algo temporal y sin importancia. El apóstol Pablo expresó mejor su fuerza mental cuando estaba en la cárcel escribiéndoles a sus amigos cristianos. Él dijo:

> *Pues he aprendido a contentarme, cualquiera que sea mi situación. Sé vivir humildemente, y sé tener abundancia; en todo y por todo estoy enseñado, así para estar saciado como para tener hambre, así para tener abundancia como para padecer necesidad. Todo lo puedo en Cristo que me fortalece.*

> Filipenses 4:11-13

¿ **Tengo que confesar que mi esposo tampoco es capaz de satisfacer mis necesidades. Es un hombre no romántico y poco expresivo, que *siempre* será así. Esta situación es un callejón sin salida. En vez de perseverar, como usted ha sugerido, he pensado en divorciarme. Pero no estoy decidida a hacerlo, y continuamente estoy "discutiendo" conmigo misma sobre qué es lo que debo hacer. Dígame, ¿es el divorcio la solución para las personas como yo?**

Frecuentemente he conocido mujeres que estaban experimentando esta clase de inquietud. Tal persona contempla la alternativa del divorcio de día y de noche, considerando las muchas desventajas del divorcio en contraste con la atracción principal, que es: *escapar.* Ella se preocupa acerca del efecto del divorcio en los hijos, y se pregunta cómo podrá mantenerlos, y no quisiera tener que decírselo a sus padres. Le da vueltas y vueltas al asunto, midiendo las ventajas y desventajas. ¿Debe o no debe? Al mismo tiempo, la disolución del matrimonio le atrae y le repugna.

Esta etapa de contemplación me recuerda un documental que fue filmado durante la primera época del cine. El camarógrafo capturó un acontecimiento dramático que sucedió en la torre Eiffel. Cerca de la cima de la misma se encontraba un ingenuo "inventor" que había construido un aparato, que era como las alas de un pájaro. Se lo había atado a sus brazos con unas correas, con el propósito de volar, pero no estaba completamente convencido de que aquellas alas funcionarían. En la película se le veía caminando hasta la barandilla, mirando hacia abajo, y luego retrocediendo. Después, se paraba en la barandilla y trataba de darse el valor para brincar, pero regresaba a la plataforma. Pese a las cámaras primitivas de esa época, la película captó la lucha interna que estaba experimentando aquel aspirante a volador. Sin duda él pensaba: "¿Lo haré o no lo haré? Si las alas funcionan, seré famoso. Si fallan, caeré y moriré". ¡Qué clase de posibilidad!

Finalmente el hombre se subió a la barandilla, titubeó por un momento inseguro de su destino, y luego saltó. La última escena fue filmada con la cámara dirigida hacia abajo, mientras el hombre caía como una roca. Ni siquiera se molestó en batir las alas en su camino hacia el suelo.

Hasta cierto punto, el ama de casa deprimida es como ese hombre. Ella sabe que el divorcio es un salto peligroso e impredecible, pero quizá podrá volar con la libertad de un pájaro. ¿Tiene el valor de saltar? No, sería mejor que se quedara en la seguridad de la plataforma. Aunque, por otra parte, si salta éste podría ser el escape que ha estado esperando por tanto tiempo. Después de todo, muchas otras personas lo están haciendo. Titubea por un momento, confundida... y a menudo da el salto.

Pero entonces, ¿qué le sucede? He observado que sus "alas" no le prestan el apoyo prometido. Después de toda la angustia de las maniobras legales y la lucha por el cuidado de los hijos, la vida vuelve a su rutina monótona. ¡Y qué rutina más difícil! Ella tiene que conseguir un empleo para mantener el hogar, pero sus habilidades son pocas. Puede trabajar como camarera o recepcionista. Pero después de pagarle a la niñera, no le queda mucho dinero. Además, su nivel de energía es aun más escaso. Regresa a la casa agotada para enfrentar las urgentes necesidades de sus hijos que la irritan. Es una experiencia muy difícil.

Entonces piensa en el que era su esposo, al cual le va mucho mejor. Está ganando más dinero y la ausencia de los hijos le permite tener más libertad. Además (y éste es un punto importante), ante la sociedad el hombre divorciado es mejor visto que la mujer. Frecuentemente él encuentra otra mujer que es más joven y más atractiva que la primera. Los celos arden en la mente de la divorciada, que está sola y no es sorprendente que se sienta deprimida otra vez.

Esta no es una historia que he inventado para desalentar el divorcio. Es un ejemplo característico. He observado que muchas mujeres que se divorcian por los motivos aquí indicados (en contraste con la infidelidad), vivirán para arrepentirse de su decisión. Sus esposos, cuyas buenas cualidades finalmente se notan, comienzan a verse algo atractivos de nuevo. Pero estas mujeres han dado el salto, y tienen que someterse a las fuerzas de la naturaleza.

El divorcio no es la solución al problema de los esposos ocupados y las esposas solitarias. El que el mundo secular haya liberalizado sus actitudes hacia la inestabilidad del matrimonio, no quiere decir que tal cambio ha ocurrido en la norma bíblica. ¿Le gustaría a usted saber *precisamente* lo que Dios piensa en cuanto al divorcio? En Malaquías 2:13-17 Él ha dejado bien clara su opinión, especialmente en cuanto a los esposos que buscan un nuevo juguete sexual. La Biblia dice:

Sin embargo, cubren el altar con sus lágrimas porque el Señor no hace caso ya de sus ofrendas, y ustedes no reciben bendición de Él. "¿Por qué nos ha abandonado

Dios?", claman. Les diré por qué; es porque Jehová ha visto sus traiciones al divorciarse de sus esposas que han sido fieles a ustedes durante años, las compañeras que prometieron cuidar y mantener. Fueron unidos a sus esposas por Jehová. Dios, en su sabiduría, hizo que los dos llegaran a ser una sola persona delante de sus ojos cuando se casaron. ¿Qué es lo que Él quiere? Hijos piadosos, producto de su unión. Por eso, ¡guárdense de sus pasiones! Sean fieles a la esposa de su juventud.

Porque Jehová, el Dios de Israel, dice que odia el divorcio y a los hombres crueles. Por eso, controlen sus pasiones y no se divorcien de sus esposas.

Han cansado a Jehová con sus palabras.

"¿Lo hemos cansado?", preguntan con fingida sorpresa. "¿Cómo es que lo hemos fatigado?"

Cuando dicen que lo malo es bueno y agradable al Señor, o cuando dicen que no habrá castigo, que a Dios no le importa. (La Biblia al Día).

¿ **¿Por qué hoy los hombres son tan insensibles a las necesidades de las mujeres? Parecen estar inconscientes de los anhelos de sus esposas, aun cuando se está haciendo toda clase de esfuerzos por comunicarles, y hacerles comprender, las necesidades que ellas tienen.**

Tengo dudas de que los hombres hayan realmente cambiado mucho en los últimos años. Más bien, no estoy seguro de que *jamás* hayan sido sensibles a sus esposas como ellas hubieran querido que lo fueran. ¿Acaso el agricultor de hace cien años llegaba del campo a la casa, y le decía a la esposa: "Cuéntame cómo te fue hoy con los muchachos"? No, él era tan ignorante de la naturaleza de su esposa como lo son los esposos de hoy. Lo que sí ha cambiado es *¡la relación que las mujeres tienen unas con otras!*

Hace cien años las mujeres cocinaban juntas, juntas hacían conservas, juntas lavaban la ropa en el arroyo, juntas oraban, juntas pasaban por la etapa de crisis de la menopausia, y juntas envejecían. Y cuando nacía un bebé, las tías, abuelas y vecinas estaban a la mano para enseñarle a la nueva madre a ponerle el pañal, alimentarlo y disciplinarlo. Por medio de este contacto femenino le era provisto un enorme apoyo emocional. Una mujer nunca estaba sola en realidad.

Pero la situación es muy diferente hoy. La familia extensa, es decir, el grupo familiar que consiste de padres e hijos y otros parientes cercanos viviendo juntos, ha desaparecido, privando a la esposa de esa fuente de seguridad y compañerismo. Las mujeres tienen una tendencia a competir unas con otras en cuanto a su situación económica, así como a desconfiar unas de otras. Muchas ni siquiera pensarían en invitar a un grupo de amigas a su casa hasta que haya sido pintada, amueblada y decorada de nuevo. Como dijo alguien una vez: "Estamos trabajando tan duro para tener hogares hermosos que nadie está dentro de ellos". El resultado es aislamiento, y ese aislamiento hace que ella se sienta muy sola.

¿ Estoy comenzando a reconocer una "debilidad" en mi actitud hacia mi esposa. Siempre he pensado que había cumplido con mi labor como esposo si suplía adecuadamente las necesidades económicas de mi familia, y le era fiel a ella. Pero ¿cree usted que también soy responsable de ayudarla para que sus necesidades emocionales sean suplidas?

Así es, de manera especial hoy, cuando las amas de casa se encuentran bajo semejante ataque. Todo lo que les ha sido enseñado desde la infancia está siendo sometido al ridículo y al desprecio. Casi no pasa un día sin que los valores tradicionales de la herencia judeocristiana sean descaradamente ridiculizados y debilitados.

- La idea de que ser madre es una inversión provechosa del tiempo de la mujer, está bajo ataque incesante.

- El concepto de que un hombre y una mujer deben llegar a ser una sola carne, encontrando su identidad el uno en el otro en lugar de como individuos separados que compiten, se considera intolerablemente insultante para las mujeres.

- La creencia de que el divorcio no es una alternativa aceptable, ha sido abandonada por casi todos. (¿Ya se enteró del divorcio de Juan y María?)

- La descripción de una madre y esposa ideal que se presenta en Proverbios 31:10-31, ahora es inaceptable para la mujer moderna.

- El papel de la mujer como una ayuda idónea, la que cocina, cuida a los enfermos, muestra amor, edifica el hogar y da a luz a los hijos, es repugnante.

Todos estos valores, profundamente arraigados, los cuales muchas de las amas de casa de estos días están desesperadamente tratando de mantener, se hallan expuestos de continuo a la ira del mismo infierno. Los medios de comunicación: la radio, la televisión y la prensa, están trabajando de un modo implacable para destrozar los últimos vestigios de la tradición cristiana. ¡Y las mujeres que creen en esa herencia espiritual están pendientes de un hilo! Se les hace sentir estúpidas, anticuadas e insatisfechas, y en muchos casos, su autoestima está sufriendo un daño irreparable. Están luchando, con muy poca ayuda, contra un movimiento social fuerte y amplio.

Permítame decirlo de una manera más directa. Ya es hora de que el hombre que aprecia la disposición de su esposa para resistir la corriente de la opinión pública (quedándose en el hogar, en la desierta vecindad, en compañía de sólo niños intranquilos que están empezando a andar y de adolescentes de voluntad firme) le dé alguna ayuda a ella. No estoy sugiriendo simplemente que él friegue los platos o barra el suelo. Me estoy refiriendo a la provisión de ayuda emocional, conversar con ella, hacerla sentirse como toda una señora, edificar su ego, darle un día de diversión cada semana, llevarla a cenar en algún restaurante, decirle que la quiere. Desprovista de estas armas, ella es dejada indefensa en contra de los enemigos de la familia, ¡que son los enemigos de la familia de *él*!

¿ **¿Qué efecto produce en el matrimonio, esta ruptura de la relación entre las mujeres?**

Produce un efecto que puede ser devastador. El privar a una mujer de todo apoyo emocional útil, impartido fuera del hogar, crea una presión enorme en la relación entre el marido y la mujer. El marido se convierte en su fuente principal de conversación, desahogo, compañerismo y amor. Pero ella no es la única responsabilidad que él tiene. Él se enfrenta con presiones enormes, tanto internas como externas, en su trabajo. Su autoestima depende de la manera en que se ocupa de sus asuntos, y el estado de toda la familia depende del éxito que él tenga. Cuando por la noche llega a casa, le quedan muy pocas fuerzas para servirle de apoyo a su esposa que se siente sola, aun cuando la comprende.

Permítame hablarle claro al ama de casa que tiene un marido muy ocupado y que no es comunicativo: *usted no puede depender de ese hombre para que satisfaga todas sus necesidades.* Usted se sentirá frustrada todo el tiempo porque él no hace lo que usted espera que haga. En su lugar, usted debe conseguir un buen grupo de amigas con las que pueda hablar, reír, quejarse, soñar y entretenerse. Hay miles de esposas y madres alrededor de usted que tienen las mismas necesidades y experiencias. Ellas estarán buscando entablar amistad con usted cuando usted comience a buscar entablar amistad con ellas. Inscríbase en clases de ejercicios físicos, de tejido o costura o algún otro pasatiempo, en actividades de la iglesia, en estudios bíblicos, en clubes, o lo que sea. Pero a toda costa, resista la tentación de encerrarse en su casa, sintiendo lástima por sí misma mientras espera que su esposo llegue a casa como el príncipe de sus sueños.

3

La ama de casa

¿ **Como ama de casa, me molesta el hecho de que mi papel como esposa y madre ya no es respetado como lo era en tiempos de mi madre. ¿Qué fuerzas han ocasionado este cambio de actitudes?**

El cambiar la identidad del papel del sexo femenino se ha convertido en el blanco principal de los que quieren revolucionar la relación entre hombres y mujeres. El movimiento de liberación de la mujer y los medios de comunicación han tenido un éxito extraordinario en alterar la forma en que las mujeres se "ven" a sí mismas en el hogar y en la sociedad. En el proceso cada elemento del concepto tradicional de feminidad ha sido desacreditado y despreciado, especialmente las responsabilidades relacionadas con el cuidado de la casa y la maternidad. Así que, en un período de diez años, el término *ama de casa* se ha convertido en un símbolo patético de explotación, opresión, y (discúlpenme por el insulto) de estupidez, al menos según el punto de vista de las feministas radicales. Como nación no podemos cometer un error mayor que el de continuar con esta falta de respeto, que se está extendiendo por todo el mundo, hacia las mujeres que han dedicado sus vidas al bienestar de sus familias.

¿ **Usted ha hecho mención a la función desempeñada por los medios de comunicación en este cambio del concepto de feminidad. ¿Está dando a entender usted que los productores de televisión y de películas han intentado destruir o cambiar *deliberadamente* el papel tradicional que es desempeñado por las mujeres?**

No tengo ninguna duda acerca de este hecho. La industria que se dedica al entretenimiento del público ha trabajado de manera incansable para crear una mujer totalmente nueva, con capacidades extraordinarias. La vimos durante la década de los setenta como la Mujer Maravilla, la Mujer Biónica, la Mujer Araña y los Ángeles de Charlie, entre muchos otros ejemplos poderosos (y muy atractivos) de mujeres. En mi libro: *Lo que las esposas desean que los maridos sepan sobre las mujeres*, describí este nuevo papel social de la siguiente manera:

Esta imagen de la mujer, que está siendo pintada ahora, es una combinación ridícula de fantasía inocente y propaganda feminista. La mujer de hoy es presentada siempre como bellísima, por supuesto, pero es más que eso, mucho más. La vemos manejando su ruidoso auto deportivo, a toda velocidad, por la carretera, mientras que su compañero masculino está sentado a su lado, comiéndose la uñas con ansiedad. Ella muestra una confianza extraordinaria en sí misma, y podría desarmar a cualquier hombre con un golpe de karate y con patadas voladoras a los dientes. Ella es mortalmente certera con una pistola y juega tenis (o fútbol) como toda una profesional. Habla con frases perfectamente organizadas, como si sus comentarios espontáneos fueran planeados y escritos por un equipo de pequeñitos profesores de gramática dentro de su hermosa cabeza. Sin duda, es una experta en sexo, pero en lo último que pensaría es en casarse. Tiene la gran suerte de ser perpetuamente joven, y nunca se enferma, ni se equivoca, ni hace el papel de tonta. En pocas palabras, es casi omnisciente, excepto por una curiosa incapacidad para hacer las cosas que, de manera tradicional, son hechas por las mujeres, como: cocinar, coser, o criar niños. En verdad, la heroína de la pantalla de hoy es un modelo extraordinario de mujer, que se nos presenta de pie, orgullosa e intransigente, con los brazos arqueados y las manos en las caderas.

Pero esta clase de mujer no es real, todo lo contrario, es tan falsa como los superhéroes de la pantalla. Todo es pura fantasía, ya sea que se trate del lado masculino o del femenino.

¿ **¿Cuál ha sido el resultado de esta revolución en la identidad del papel sexual femenino, y probablemente a dónde nos llevará?**

Ha producido una década de depresión y falta de confianza en sí mismas entre las mujeres. Dios nos ha creado como seres sexuales, y cualquier confusión en cuanto a este entendimiento es devastador para el concepto propio. Las que son más afectadas son las mujeres que están inevitablemente identificadas con el papel tradicional, las que se perciben a sí mismas como mujeres desamparadas en la responsabilidad de amas de casa. Así que, las esposas y madres se preguntan: "¿Quién soy yo?", y luego se preguntan con nerviosismo: "¿Quién *debiera* ser?" Parece que derrumbamos el antiguo sistema de valores antes que el nuevo estuviera preparado, trayendo así confusión y agitación generalizadas.

Ahora está ocurriendo un nuevo fenómeno sorprendente. La falta de confianza en sí mismo se ha extendido al género masculino. Supongo que eso era inevitable. Cualquier movimiento social que creara caos en la mitad de la población seguramente llegaría a afligir a la otra mitad tarde o temprano. Como resultado, los hombres ahora están entrando en el invierno de su descontento.

La revista *Psychology Today* publicó un artículo escrito por James Levine en el que repasó tres libros nuevos sobre el tema de la masculinidad en transición. El primer párrafo que escribió indica el contenido de los libros:

Después de innumerables libros que se han publicado en la última década, sobre la condición de la mujer, ahora estamos recibiendo una avalancha de estudios sobre los hombres. *Un tema sale a relucir con claridad: el hombre está en una crisis.* Abofeteados por el movimiento de liberación de la mujer, y forzados por la definición tradicional e interna de la "masculinidad", los hombres literalmente no saben quiénes son, qué es lo que las mujeres quieren de ellos, ni siquiera lo que ellos quieren para sí mismos (Noviembre de 1979).

Es verdad. Los hombres *están* en una condición de confusión en cuanto al significado de la identidad de los papeles sexuales. Sabemos que no es aceptable ser un "macho" (sea cual sea el significado de esa palabra), pero no estamos muy seguros en cuanto a cómo debe comportarse un verdadero hombre. ¿Es el que gana el pan y protege a la familia? Bueno, no exactamente. ¿Debe tomar la posición de liderazgo y autoridad en el hogar? Si está casado con una mujer cuya consciencia se ha "elevado", la respuesta es "no". ¿Debe abrir las puertas para su esposa o darle su asiento a una dama en el tren, o levantarse cuando una señora entra al lugar donde él está? ¿Quién sabe? ¿Será él quien vaya a pelear para defender su patria en tiempos de guerra, o será su esposa la que luche en tierras extranjeras? ¿Puede llevar él joyas y zapatos de seda, y cargar un bolso? En fin, ¿no hay nada que lo distinga de las mujeres? ¡No escuchamos a los medios de comunicación decir que sí hay algo que los distingue!

De nuevo, tengo que enfatizar que esta identidad confusa en cuanto al papel sexual no es el resultado de una evolución sexual al azar. Es el producto de los esfuerzos deliberados de los que intentan hacer una *revolución* dentro de la familia para restarle crédito al papel tradicional del hombre. Note que

James Levine dijo que los hombres se sienten *forzados* por el papel tradicional masculino. Esa es precisamente la manera en que los medios de comunicación liberales y los científicos humanistas perciben el concepto bíblico del papel del hombre.

¿ **¿Quiere usted decir que todos debemos encadenarnos al papel tradicional de hombre o de mujer, nos guste o no?, ¿que todas las mujeres deben tener hijos, aunque no quieran?**

Por supuesto que no. Todas las mujeres tienen derecho a decidir no tener hijos, así que yo no sería tan tonto como para intentar obligar a alguien a tomar esa decisión. Sin embargo, ¡es algo ambiguo insistir en un "derecho" que significaría el final de la raza humana si se aplicara de manera universal! Si las mujeres se cansaran de tener hijos por sólo unos 35 años, la última generación de mortales envejecería y moriría, sin dejar retoños para reproducir. ¡Qué poder más grande posee la mujer! Ella podría tomar las riendas en sus manos y llevar a la humanidad por el camino del olvido. Ninguna bomba de hidrógeno podría destruirnos más efectivamente, sin necesidad de sangre o contaminación.

Pero esto no es sólo una pesadilla sin bases en la realidad. Por varios años ha sido casi imposible encontrar algo bueno escrito sobre los bebés en las publicaciones liberales e izquierdistas. Los niños son percibidos como una imposición, una molestia, una carga para los recursos naturales del mundo. Se consideran parte de la "explosión demográfica" que supuestamente plaga el mundo. Estoy convencido de que este prejuicio negativo desempeña un papel en la epidemia del maltrato de niños que hace estragos a través del país. Sin duda, está relacionado con el vergonzoso fenómeno del aborto que ha ocurrido durante la última década. Más de un millón de bebés norteamericanos son abortados anualmente (55 millones en el mundo entero), bebés que nunca tomarán su lugar en la estructura de nuestra sociedad. Lo que queda es una población que está envejeciendo, con cada vez menos niños para ocupar nuestro lugar.

Lo que estoy diciendo es que las actitudes que tienen que ver con los papeles sexuales están relacionadas muy de cerca con la supervivencia de la sociedad. Por ejemplo, ¿qué sucederá si la presente generación llega a la edad de la jubilación y sigue siendo más grande que los de edad laboral? ¿Quién sostendrá el sistema de seguro social cuando los adultos de hoy estén demasiado viejos para ganarse la vida? ¿Quiénes serán los militares cuando nuestro país sea amenazado por poderes extranjeros? ¿Qué le sucederá a una economía que está basada en ingresos que van disminuyendo en vez de en el crecimiento por la productividad? Sí, la mujer liberada se saldrá con la suya, exigirá su "derecho" a tener abortos y quedarse sin hijos. Ella habrá demostrado que nadie le puede decir lo que va a hacer con su cuerpo. ¡Qué victoria más trágica!

¿ **¿Qué les diría usted a las personas que dicen que ser madre y ama de casa es aburrido y monótono?**

Les diría que tienen razón, pero debemos reconocer que casi toda ocupación también es aburrida. ¿Qué tan emocionante es el trabajo de una operadora telefónica que conecta y desconecta llamadas todo el día; un médico patólogo que examina sustancias bajo el microscopio desde temprano hasta tarde; un dentista que se pasa la vida con taladro y amalgamas; un abogado que lee libros cubiertos de polvo en una biblioteca solitaria; o un autor que escribe página tras página tras página? Pocos disfrutamos con gran entusiasmo cada momento de nuestras vidas profesionales. Durante un viaje a Washington, D.C., hace algunos años, mi habitación en el hotel estaba junto a la de un famoso violoncelista que estaba en la ciudad para dar un concierto clásico esa noche. Yo podía escucharlo a través de las paredes mientras ensayaba hora tras hora. No estaba tocando hermosas interpretaciones sinfónicas; estaba repitiendo escalas y ejercicios una y otra vez. Este ensayo empezó muy temprano (¡eso me consta!) y continuó hasta la hora de su concierto. Al subirse a la plataforma esa noche, estoy seguro de que muchos individuos en el público pensaban: "¡Qué vida más fascinante!" ¡Vaya, qué fascinante! Me consta que se había pasado todo el largo día en aquella habitación solitaria de su hotel, en compañía de su violoncelo. Como usted sabe, no es fácil conversar con un instrumento musical. Realmente dudo que el trabajo de ama de casa y madre sea más aburrido que la mayoría de los trabajos, en particular si la mujer se niega a aislarse del contacto con otros adultos. Pero en cuanto a la importancia de la tarea, *ningún* trabajo puede competir con la responsabilidad de formar y moldear un nuevo ser humano.

Quisiera recordarles a las mamás otro factor muy importante: usted no tendrá siempre la responsabilidad que ahora tiene. Sus hijos estarán con usted unos años muy breves, y las obligaciones que ahora carga serán sólo vagos recuerdos. Disfrute cada momento de estos días, incluso los difíciles, ¡y dése el gusto de haber hecho bien un trabajo esencial!

¿ **¿Qué piensa usted en cuanto a las madres que trabajan fuera del hogar, especialmente en las situaciones donde no es necesario económicamente que ellas trabajen?**

Nota del editor: Esta pregunta es de tanta importancia y controversia en el mundo occidental actual, que no se puede contestar de manera breve. Por lo tanto, se tomó la decisión de reimprimir un artículo escrito por el doctor Dobson en el que trata sobre el asunto del empleo de tiempo completo para las mujeres.

LAS MUJERES QUE TRABAJAN FUERA DEL HOGAR Y SUS FAMILIAS

El mundo actual es testigo de un movimiento sin precedentes de mujeres en la fuerza laboral. En algunos países más de la mitad de las mujeres tienen empleos formales; una de cada tres madres de niños menores de seis años está trabajando fuera del hogar, y el numero está aumentando rápidamente. Saber si esta tendencia es sana o patológica es uno de los asuntos más complicados de nuestra época, y que genera debates airados y considerable conflicto. Lamentablemente, todos parecen tener una opinión sobre el asunto. Y usted está a punto de leer la mía.

Sería un atrevimiento muy grande el que cualquier especialista en asuntos relacionados con la familia, en particular un hombre, les dijera a las mujeres cómo deben vivir sus vidas. La decisión en cuanto a tener una carrera o ser una ama de casa es una opción muy personal, que sólo puede ser tomada por la mujer de acuerdo con su esposo. Algunas veces la búsqueda de empleo es necesaria a causa de las presiones inflacionarias de la economía. Además, hay trastornos en el matrimonio donde el esposo no puede trabajar, o está ausente del hogar. Estos problemas, y otros relacionados, obviamente requieren la contribución económica de las mujeres involucradas. Así que, cuando una esposa y madre cristiana llega a la conclusión de que *tiene que* trabajar, la reacción de sus amigos y conocidos debería ser tolerante y comprensiva.

Sin embargo, tengo que decir con toda sinceridad, que he observado que las mujeres que trabajan fuera del hogar, y sus familias, suelen enfrentarse a algunos problemas y frustraciones especiales. Conseguir un empleo puede producir toda una serie de nuevos retos, especialmente para la madre de niños pequeños, retos que posiblemente ella no comprendería al principio. En realidad, me preocupan los mensajes engañadores que muchas veces les son dados a las madres que *sí* pueden escoger trabajar o quedarse en casa. Específicamente, hay tres conceptos falsos que se les están expresando energéticamente a través de varias formas de propaganda feminista. Permítame considerarlas individualmente:

1. La mujer adulta que no tiene empleo hoy en día, está siendo engañada y explotada por la sociedad dominada por los hombres, y si tiene algo de inteligencia, debe buscar satisfacción en una carrera.

Desde el principio de la existencia humana, las mujeres en la mayoría de las culturas se han identificado con la crianza de los hijos y el cuidado del hogar. Era una ocupación honorable que no requería que se disculpara. ¿Por qué ha llegado a tener tan mala reputación el concepto de ser ama de casa? ¿Por qué será que las mujeres que se quedan en casa en compañía de sus pequeños hijos sienten tanta falta de respeto por parte de la sociedad donde viven? Una respuesta parcial a estas preguntas se puede encontrar en el bombardeo incesante de los medios de comunicación en contra de todos los valores judeocristianos.

De acuerdo con esto, parece que muchas mujeres han aceptado empleo para poder enfrentarse a la falta de respeto que experimentaban como madres de tiempo completo. Para comprender este proceso, veamos un ejemplo imaginario.

Supongamos que de repente el ser dentista se convirtiera en algo muy impopular. Supongamos que cada revista tuviera artículos acerca de la estupidez de los "sacamuelas", mostrándolos como unos ridículos y torpes. Supongamos que los comerciales, dramas y comedias de la televisión se burlaran siempre del mismo blanco maltratado: los dentistas. Supongamos que entonces muriera el buen humor que está asociado con el oficio de ser dentista, dejando en su lugar el desprecio y la falta de respeto en general. Supongamos que estos profesionales vestidos de blanco fueran pasados por alto en las fiestas, y sus esposas fueran excluidas de los grupos más prestigiosos. Supongamos que los dentistas tuvieran dificultad en contratar ayudantes y socios porque nadie querría que sus amigos supieran que trabajaban para el "ratón Pérez". ¿Qué pasaría si repentinamente se anulara todo el prestigio de la profesión dental? Sospecho que pronto sería muy difícil arreglarse una muela picada.

Confieso que la ilustración es extremada, pero difícilmente se puede pasar por alto la analogía con la mujer. A las amas de casa las han puesto en ridículo y les han faltado al respeto tanto que el tema deja de ser chistoso. Cuando he dado conferencias a grupos de familias en diferentes partes del país, algunas mujeres me han expresado gran frustración porque las han hecho sentirse tontas y ridículas por querer quedarse en casa. A las que se dedican a sus responsabilidades, ahora se les llama en las revistas de mujeres burlonamente: "Supermamás". Esas mujeres han escuchado la opinión predominante: "Tienen que tener algún defecto esas criaturas raras que parecen agradarse con las responsabilidades y obligaciones domésticas".

Otra distorsión muy relacionada con el mito de que las "amas de casa son perdedoras" tiene que ver con la crianza de los hijos.

2. Los niños, incluso los menores de cinco años de edad, no necesitan realmente el cuidado extenso de sus madres. Ellos llegarán a ser más independientes si se crían en varios ambientes de cuidado infantil.

Si esa declaración fuera verdad, convenientemente limpiaría de toda culpabilidad las conciencias de los padres que están demasiado ocupados. Pero simplemente no concuerda con el conocimiento científico. Hace unos años, en Miami, Florida, asistí a una conferencia nacional sobre el desarrollo infantil. Prácticamente todos los informes de las investigaciones, que se presentaron durante esas juntas, terminaron con la misma conclusión: la relación entre la madre y el hijo es absolutamente vital para el desarrollo sano de los niños. El último orador de la conferencia fue el doctor Urie Bronfenbrenner, la máxima autoridad de hoy en día sobre el desarrollo infantil. Él concluyó sus comentarios diciendo que las responsabilidades femeninas son tan vitales para la siguiente generación que realmente el futuro del país depende de la manera en que nosotros "percibamos" a las mujeres. Yo estoy de acuerdo con él.

Sin embargo, las mujeres modernas están luchando para convencerse a sí mismas de que los centros gubernamentales para el cuidado de los niños ofrecen un sustituto conveniente para el concepto de la familia tradicional. ¡No funcionará! No ha tenido éxito en los países donde se ha intentado. El doctor Bronfenbrenner escribió:

> ... al retirarse los apoyos sociales para la familia a la cual me referí ... la posición de las mujeres y madres ha llegado a ser cada vez más aislada. Con el quebrantamiento de la comunidad, el vecindario y la familia extensa, ha quedado en las manos de la madre joven una mayor responsabilidad para el cuidado y la crianza de los niños. Bajo estas circunstancias, no es sorprendente que muchas de estas mujeres jóvenes están en rebelión. Comprendo y comparto sus sentimientos de ira, pero temo las consecuencias de algunas de las soluciones que proponen, las cuales tendrán el efecto de aislar a los niños aun más de la clase de cuidado y atención que necesitan. (Urie Bronfenbrenner, "The Origins of Alienation", *Scientific American*, agosto de 1974, p. 57. Usado con permiso.)

Los niños *no pueden* criarse a sí mismos correctamente. Este hecho fue ilustrado de nuevo en una conversación que tuve reciente con un sicólogo que hace trabajos de investigación, el cual visitó mi oficina. Él había estado estudiando la infancia de los prisioneros en una cárcel estatal en Arizona. Junto con sus colegas estaba intentando descubrir las características comunes que compartían los prisioneros, con la esperanza de saber cuáles eran las causas de su comportamiento antisocial. Al principio se suponía que la pobreza sería el aspecto común, pero los resultados contradijeron esta idea. Los prisioneros venían de todos los niveles socioeconómicos, aunque la mayoría intentó justificar sus crímenes al profesar haber sido pobre. Sin embargo, los investigadores descubrieron una característica fundamental que compartían todos los hombres: una ausencia de contacto con adultos en sus hogares, durante la infancia. Cuando eran niños, habían pasado la mayor parte de su tiempo en compañía de sus amigos... o totalmente solos. Así fue la niñez de Lee Harvey Oswald,

Charles Manson y muchos otros que cometieron crímenes violentos más adelante en sus vidas. La conclusión es inevitable: no hay sustituto para el liderazgo amoroso de los padres en el desarrollo infantil de los niños.

Pero mis intensas opiniones personales sobre este asunto de que las madres se encarguen del cuidado de los hijos de edad preescolar, no están basadas solamente en la evidencia científica y en la experiencia profesional. Mis puntos de vista también han sido grandemente influenciados dentro de mi propio hogar. Permítame compartir una declaración que escribí hace varios años en mi libro titulado: *Lo que las esposas desean que los maridos sepan sobre las mujeres*:

Nuestros dos hijos son infinitamente complejos, como lo son todos los niños, y mi esposa y yo queremos guiarlos personalmente a través de los años de formación. Danae tiene nueve años. Será adolescente dentro de cuatro años, y confieso que estoy celoso de cualquier cosa que me prive de los días que aún quedan de su niñez. Cada momento es precioso para mí. Ryan tiene ahora cuatro años. No sólo tiene energías inagotables, sino que está cambiando rápidamente, tanto física como emocionalmente. Algunas veces casi me asusta ver lo dinámico que es el desarrollo de mi pequeño hijo. Cuando regreso después de haber salido de viaje para dar conferencias por cuatro o cinco días, Ryan es notablemente distinto. Los componentes básicos de su futura estabilidad emocional y física, están siendo puestos claramente, momento a momento, precepto sobre precepto. Ahora, les quiero hacer las siguientes preguntas a los que no están de acuerdo con lo que he escrito: ¿A quién le voy a ceder la labor de guiar ese proceso de desarrollo? ¿A quién le importará hacer lo que sea necesario, si mi esposa y yo estamos demasiado ocupados para realizar esta tarea? ¿Cuál niñera tomará nuestro lugar? ¿Cuál guardería infantil podría proveer el amor y la enseñanza individual que

Ryan y Danae necesitan y merecen? ¿Quién representará mis valores y creencias ante mi hijo y mi hija, y estará preparado para contestar sus preguntas cuando su interés sea mayor? ¿A quién le cederé las experiencias principales de cada día de la vida de ellos? El resto del mundo puede tomar su propia decisión, pero en cuanto a mí y mi casa, le damos la bienvenida a la oportunidad de formar las dos pequeñas vidas que nos han sido prestadas. Y me preocupo por el país que dice que esta labor es "sin recompensa, infructuosa y aburrida".

Esto nos trae al tercer y último mito que consideraremos:

3. La *mayoría* de las madres de niños pequeños pueden trabajar todo el día y todavía tener la energía suficiente para cumplir con sus obligaciones familiares, tal vez hasta mejor que si se quedaran en casa.

Dentro del cuerpo humano sólo existe cierta cantidad de energía que se puede gastar durante cada período de 24 horas, y cuando se invierte en un lugar, ya no está disponible para usarse en otro. Es muy poco probable que la mujer promedio pueda levantarse temprano en la mañana, darle desayuno a su familia y dejarla lista para el día, y luego trabajar desde las nueve de la mañana hasta las cinco de la tarde, y aún tener energía para cumplir sus quehaceres domésticos desde las 5:30 hasta la medianoche. Claro, posiblemente prepare la cena y haga muchas de las tareas importantes, pero después de trabajar fuera del hogar, pocas mujeres están equipadas con la superenergía necesaria para cumplir con las necesidades emocionales de sus hijos, para educarlos, guiarlos y disciplinarlos, para fortalecer su autoestima, para enseñarles los verdaderos valores de la vida, y sobre todo, para mantener a la misma vez una sana relación matrimonial. Quizá lo puedan lograr por una semana o un mes, o quizá un año. ¿Pero año tras año? Simplemente no lo creo. Todo lo contrario, he observado que las esposas y madres que están agotadas suelen terminar irritables y frustradas, preparando así la escena para el conflicto dentro del hogar. Creo que ocurren más divorcios a causa de que tanto los esposos como las esposas están demasiado ocupados, que por todos los demás factores combinados. ¡Es el asesino número uno del matrimonio!

En resumen, las circunstancias podrían requerir que las esposas y madres busquen empleo de tiempo completo fuera del hogar. En esos casos, los espectadores cristianos deben mostrar comprensión tolerante de las necesidades y obligaciones que la persona no ha expresado. Sin embargo, la decisión para que mamá trabaje fuera del hogar tiene una profunda implicación para su familia y especialmente para sus pequeños niños. Esa decisión tiene que tomarse a la plena luz de la realidad, libre de los prejuicios y las modas de la sociedad de hoy. Y lo más importante de todo es que no debemos atrevernos a despojar de su dignidad a la ocupación más noble del universo: la de moldear las pequeñas vidas durante su período más vulnerable.

Permítame concluir compartiendo una nota que recibí recientemente, escrita por un niño de diez años. Él dijo:

"Estimado doctor Dobson, tengo una mamá y un papá que trabajan, y quiero saber lo que podemos hacer nosotros los niños".

Brian

Permitiré que los padres respondan a la pregunta de Brian. Después de todo, ellos son los únicos que *pueden* proveer una respuesta satisfactoria.

Una oyente escribió lo siguiente:

Estimado doctor Dobson:

Adjunto un artículo que apareció recientemente en el periódico *Washington Post*, que estoy segura de que a usted le parecerá interesante. La escritora, Mary Fay Bourgoin, es una madre que tiene empleo de tiempo completo, y ha expresado sus opiniones desde un punto de vista secular. Hace años, el Señor me enseñó las mismas cosas que ella está aprendiendo ahora con dificultad. Espero que le guste el artículo.

LAS MADRES QUE TRABAJAN FUERA DEL HOGAR, ¿SON SUPERMUJERES O MUJERES AGOTADAS?

Estos días parece que vivo en una ciudad de mujeres cansadas, o, más bien, de madres agotadas que trabajan. Por varios meses yo he estado entre las que se levantan al amanecer para bañarse y arreglarse, preparar los almuerzos, lavar la ropa, dejar lista la cena, y mirar de reojo el periódico para cerciorarse de que el mundo no se terminará antes de las nueve de la mañana.

Siempre y cuando no haya una búsqueda de último momento por zapatos extraviados, tareas, o trabajos manuales, mis tres hijas están en la escuela a las 8:40, y yo estoy camino a "la realidad".

Mi trabajo como periodista es interesante, realmente maravilloso, según la revista de la universidad donde me gradué. Pero la mayor parte del tiempo siento que tengo un pie sobre la cáscara de un plátano, y el otro sobre el hielo.

Combinar un matrimonio, ser madre y tener una carrera, se ha convertido en el problema clásico de las mujeres de la década de los 80. Para las que logran hacerlo todo, la vida es una actuación de primera. Pero juzgando por mi propia experiencia, y al hablar con otras mujeres, frecuentemente la vida es una serie de indigestiones, úlceras y ataques de ansiedad.

En la década de los 50, mi generación tenía otra clase de presiones. Hace 18 años yo estaba en mi último año de universidad. Soñando acerca del matrimonio y la vida en familia, mis compañeras y yo hablábamos de bodas, no de empleos. Poco después de nuestra graduación, comenzó la prisa por casarse.

Una por una, mis compañeras, novias enamoradas vestidas de seda blanca, se pararon ante altares cubiertos de flores y repitieron los votos matrimoniales: promesas de eterna felicidad. Nosotras formábamos parte de la generación de quienes se preocupaban sólo por tener casas bien decoradas y lunas de miel costosas.

En 1964, mis puntos de vista cambiaron cuando experimenté mis primeros sentimientos feministas mientras viajaba en un autobús. Quedé absorta con el libro de Betty Friedan titulado en inglés *The Feminine Mystique [Los atractivos femeninos]*. No podía soltar el libro. Me di cuenta de que el ama de casa feliz era un mito. Millones de mujeres con educación universitaria, pese a sus oportunidades para carreras en la sociedad moderna, habían sido "convencidas" de que su único propósito en la vida era encontrar un esposo y criar hijos. Innumerables mujeres, sin poder vivir conforme al ideal feminista, sufrieron depresión, tomando alcohol o pastillas para aliviar sus almas turbadas.

Cuando el autobús iba pasando por los barrios residenciales de las afueras de la ciudad, yo iba pensando que detrás de las paredes de todas aquellas casas había mujeres miserables que estaban todavía vestidas de bata y murmurando: "¿Sólo de esto consiste la vida?"

Los tiempos han cambiado, y yo también. Ahora viajo en metro a la ciudad donde trabajo. Al verme rodeada por mujeres de rostros serios y trajes de vestir para garantizar el éxito, me doy cuenta de una creciente inquietud relacionada con algunos aspectos del movimiento feminista, y murmuro: "¿Es esto liberación?"

Durante la última década, más y más mujeres entraron a la fuerza laboral: un millón por año. De acuerdo con los estudios, el número de mujeres que trabajan ha aumentado más de diez veces desde el final de la Segunda Guerra Mundial. Aunque muchas de las deliberaciones sobre las oportunidades que las mujeres tienen para obtener una carrera, concentran la atención en el crecimiento y la satisfacción personal, el hecho es que la mayoría de las mujeres trabajan porque les hace falta el dinero.

Parece que ahora mi generación ha idealizado a las carreras profesionales como si fueran un curalotodo para la crisis de identidad, el síndrome de supermamá, la depresión del ama de casa y el dolor que queda cuando los hijos se van del hogar.

En lugar del ideal de ser ama de casa, el ideal es ser una mujer que asciende la escalera del éxito profesional sin dañarse la pintura de las uñas, que pasa el día tranquilamente llevando puesto un vestido impecable hecho a la medida, y que regresa a casa, sin que se le haya desarreglado el pelo, para encontrarse con un esposo que la aprecia y dos hijos bien ajustados.

La realidad triste y obvia es que muchas mujeres están descubriendo ahora lo que los hombres han sabido siempre: que abundan los empleos sin porvenir; la mayoría de los trabajos terminan siendo aburridos; los jefes, compañeros y clientes pueden ser exigentes, irritables y groseros; y que es tan fácil sentirse atrapada e infeliz sentada en una oficina lujosa en medio de todo lo que acompaña el éxito, como estando parada en una cocina rodeada de niños llorones de edad preescolar.

Las madres dedicadas a sus profesiones se enfrentan también a otra realidad: los niños. En algunos grupos no es aceptable hablar del lado oscuro del movimiento de liberación de la mujer, y el impacto del mismo sobre la vida familiar. Después de todo, los expertos nos aseguran que es sólo un mito que los niños de las madres que trabajan tienen la tendencia a ser reservados, y sentirse solos y descuidados. Y yo, como muchas más, acepté como verdaderas las declaraciones feministas de que si las mujeres quedaran libres para dedicarse a sus profesiones, serían más independientes e interesantes, así como esposas y madres más amantes.

Pero los artículos que dicen que es fácil hacerlo todo, pasan por alto un factor importante: la energía. "Ser madre", como dijo alguien recientemente, "agota la energía". También la agota una carrera de mucha presión, donde subir de puesto es la forma de vivir.

El matrimonio también exige mucho, requiere fuerza interna y motivación para evitar que una relación se vuelva desabrida. Dicho de manera sencilla, sólo tenemos cierta cantidad de energía, ya sea física o emocional.

Tal como la autora Friedan estaba aburrida de leer artículos sobre el ama de casa feliz y llena de energía, yo estoy cansada de los artículos en las revistas acerca de mujeres maravillosas que son madres, esposas y profesionales prósperas. En ambas historias, algo falta, los editores sacan las partes que no son tan bonitas, y las historias que publican no tienen ninguna relación con la realidad.

Las historias que yo escucho de otras mujeres, por medio de conversaciones en el metro, preocupaciones que se comparten a la hora del café, instrucciones que se susurran por teléfono a los hijos, esposos, niñeras, o maestros, describen las escenas que los editores omiten: niños enfermos que tienen que ir a la escuela o quedarse solos en casa; niñeras que permiten que los niños vean horas interminables de televisión; sirvientas que no llegan; bebés dormidos que se levantan a las seis de la mañana para que a las siete estén en la guardería infantil; el creciente número de niños de ocho o nueve años que se quedan solos sin supervisión después de la escuela, hasta que sus padres llegan a casa; los interminables arreglos provisionales para los temidos días de fiesta de la escuela; las vacaciones y otras realidades que no son atractivas para el movimiento de liberación de la mujer.

Sospecho que estos son algunos de los motivos por los que el feminismo no ha atraído a las pobres, las que están luchando, las obreras como mi madre, que trabajaba como costurera en una fábrica de camisas. Ellas conocen muy bien el lado oscuro del mundo de las madres que trabajan.

Mi madre, que me observa mientras de diferentes maneras yo trato de equilibrar mi relación con mi esposo, mis hijos y mi carrera, me dice: "El trabajo no es tan importante como muchos creen".

Una noche, mientras iba de mi empleo a mi casa, completamente agotada, preocupada por mi esposo que se encontraba tan ocupado como yo, y preocupada también por mi hija melancólica, y por un editor malhumorado, encontré un artículo en el periódico acerca de varias feministas famosas. Leí sus ideas con interés.

"Es fantástico", dijo una, "que las mujeres ya no están atadas por los papeles y carreras tradicionales, sino que tienen una infinidad de opciones, y siguen desafiando los prejuicios sexuales". Sí, yo estaba de acuerdo. Sin embargo, tenía la sensación de que ella y las demás son ingenuamente entusiastas en cuanto a la "nueva mujer", mirando el mundo por el lado equivocado de los binoculares.

Cuando leí cómo una de las expertas logra hacerlo todo, mis dudas se convirtieron en convicciones. Describiendo el gozo de ser iguales, dijo: "Mi esposo y yo trabajamos en casa. Tenemos un hijo de un año cuyo cuidado es compartido en partes iguales entre nosotros dos y una niñera".

Me sentía demasiado cansada para reírme. (Copyright por Mary Burgoin.)

4

El doctor Dobson habla de las familias

La siguiente sección ha sido tomada de la reimpresión de una entrevista que los editores de la revista *Christian Herald* tuvieron con el doctor Dobson, la cual fue publicada originalmente en su edición de julio y agosto de 1979. (Usada con permiso.)

Una conversación con el doctor James Dobson, uno de los principales expertos norteamericanos sobre la familia:

Doctor Dobson, ¿existe una fórmula cristiana que sea completa, para resolver los problemas familiares?

Alberto Einstein dedicó los últimos 30 años de su vida a un valeroso intento para formular una teoría unificadora que explicara todas las dimensiones de la física, pero nunca lo logró. Del mismo modo, dudo que alguna vez la personalidad humana llegue a ser reducida a una comprensión simple. Nosotros somos demasiado complejos para ser simplificados de esa forma. Sin embargo, desde otra perspectiva existe una "fórmula" que se aplica a todas las relaciones humanas, y por supuesto, me estoy refiriendo a la palabra de cuatro letras que se llama *amor*. Los conflictos parecen disolverse cuando las personas viven de acuerdo con 1 Corintios 13 (evitando la jactancia, la irritabilidad, la envidia, los celos, el egoísmo, la impaciencia, la brusquedad, etcétera). La receta suprema para una vida armoniosa está contenida en ese capítulo de la Biblia, y dudo que ningún nuevo "descubrimiento" la mejore jamás.

Hablando de una manera práctica, ¿qué quiere decir eso? Por ejemplo, ¿Cómo se aplica esa fórmula a los niños que constantemente están peleando y discutiendo?

Estoy convencido de que muchos de los problemas emocionales que sufren algunos adultos son resultado de la maldad y la brutalidad de los hermanos y compañeros, durante el tiempo de sus primeras experiencias familiares. La autoestima es una flor delicada, y con facilidad puede ser aplastada por el ridículo o la burla que habitualmente tiene lugar entre los niños. Pero no tiene que ser así. Una de las principales responsabilidades de los padres y los maestros (especialmente los que están dentro de la fe cristiana) es enseñar a los niños a amarse unos a otros. Esto es algo que se puede hacer. La mayoría de los niños y las niñas, tienen un espíritu tierno debajo de la indiferencia externa. Los adultos, que con paciencia cultivan esa sensibilidad, pueden crear una compasión genuina hacia el niño impedido, el niño obeso, el niño poco atractivo, el niño retrasado o el niño que es más pequeño. Pero en la ausencia de esa instrucción durante sus primeros años, muchas veces surge una competencia hostil, la cual puede convertirse en una barrera para que más tarde en su vida él o ella sirva a Cristo.

En otras palabras, ¿usted considera esta compasión como un importante elemento en la temprana educación cristiana?

Sí, Jesús le dio la más alta prioridad a la expresión del amor por Dios y por el prójimo, y sin embargo solemos pasar por alto este énfasis en la educación cristiana. Por ejemplo, muchas escuelas dominicales enseñan diligentemente acerca de Moisés, Daniel y José, pero permiten que exista una situación caótica, donde sus estudiantes inquietos están muy ocupados mutilándose el ego el uno al otro. En la ausencia del firme liderazgo de un adulto a estas alturas, la escuela dominical puede llegar a ser el lugar más "peligroso" para el niño durante la semana. Me gustaría ver a los maestros apresurándose a defender al que está herido emocionalmente, y al hacerlo, mostrar realmente el valor del ser humano y el amor de Jesús.

Hay quienes temen que usted es demasiado autoritario. Creen que seguir los principios de usted estrictamente, creará mucha intolerancia y que el mundo ya tiene demasiadas personas que, en efecto, son pequeños dictadores. ¿Cómo responde usted a estas críticas?

Naturalmente, no creo que esa crítica sea justificada. Me he esforzado mucho en todos mis libros a advertirles a los padres de los peligros de ser severos y opresivos con sus hijos. Uno de esos libros, titulado: *Criemos niños seguros de sí mismos*, está dedicado por completo a la naturaleza frágil del espíritu de un niño. Usted no encontrará en ninguno de mis escritos una recomendación acerca de que las madres y los padres no hagan caso de los sentimientos de sus niños y niñas, o que usen un castigo excesivo para el comportamiento infantil. Lo que digo es que creo en el liderazgo de los padres; que a los niños se les debe enseñar a respetar la autoridad bondadosa de sus padres y maestros. Si eso me constituye una persona autoritaria, que así sea. Lo único que puedo decir en respuesta, es que mis propios hijos viven en un ambiente de libertad que ha hecho posible el respeto *mutuo* entre ellos y nosotros. Esa moneda de dos caras está apoyada claramente en la Biblia, donde se instruye a los niños a obedecer a los padres, y se les advierte a los padres en contra de provocar a sus hijos a ira. Me gusta esa combinación.

¿Cuánto afecta el equilibrio químico del cuerpo los ciclos emocionales por los cuales pasamos? ¿Llegan a afectar nuestras decisiones morales? ¿Cómo reconciliamos estos factores con las exigencias de Dios en nuestras

vidas? O dicho de manera más sencilla: ¿No es más fácil comportarse mejor unos días que otros?

Creo que, en otras palabras, lo que usted está preguntando es: "¿Cómo puede Dios hacernos responsables de obediencia y conformidad, cuando según parece algunas personas no tienen control de sus acciones?" Francamente, esa pregunta me había preocupado hasta hace poco. Por ejemplo, con frecuencia, el muchacho hiperactivo es más rebelde y testarudo que el niño o la niña que es tranquilo. ¿Cómo afectará su naturaleza desafiante la relación futura de él con Dios? ¿Y qué me dice del pervertido sexual, que fue deformado por los trastornos emocionales durante sus años de desarrollo? ¿Qué excepciones hace Dios para la persona cuyos padres le enseñaron específicamente conceptos inmorales y ateos en el hogar? ¿Qué de la mujer que maltrata a su hijo durante las presiones de la tensión premenstrual? ¿Qué de la persona que usted ha mencionado que posiblemente es impulsada por fuerzas químicas que ni siquiera comprendemos desde el punto de vista médico?

Estos asuntos desafían la interpretación humana, aunque ya no me preocupan desde el punto de vista teológico. He llegado a la conclusión de que un Dios infinito, que gobierna el vasto universo, es capaz de juzgar a esos individuos excepcionales de una manera que será infinitamente justa. No me corresponde a mí descifrar el sistema de Dios para evaluar, como tampoco puedo comprender otros aspectos de su naturaleza divina. Sus caminos son más altos que los míos, y sus pensamientos son más altos que los míos. ¿No es por eso que la Biblia nos manda que no nos juzguemos los unos a los otros? Es obvio que no estamos capacitados para hacerlo. Lo único que sé es que el Señor requiere que *yo* confíe en él y le obedezca; en cuanto a las reacciones de los demás, le puedo escuchar decirme: "¿Qué te importa a ti? Tú sígueme".

¿Les da usted algún crédito a las teorías del biorritmo?

Somos seres bioquímicos, y nuestros cuerpos definitivamente operan de acuerdo con patrones y ritmos regulares. Por ejemplo, el sistema reproductivo de la mujer funciona en un ciclo de 28 días, y aparentemente el patrón en los hombres es menos obvio. Tanto los hombres como las mujeres, también experimentan ritmos de oscilaciones de 24 horas, que son la causa del estrés que existe después de viajar en avión y que afecta sus relojes internos. Lamentablemente, este entendimiento en cuanto al equilibrio químico ha motivado otra teoría falsa acerca del cuerpo humano y su "destino". Varios libros sobre los biorritmos han producido la idea de que se puede utilizar la fecha del nacimiento de uno para calcular los días buenos y los días malos del adulto. No hay ni pizca de evidencia para apoyar tales suposiciones.

Usted no cita mucho la Biblia en sus materiales de asesoramiento. ¿Hay algún motivo por el cual no la cita más frecuentemente?

La mayoría de mis libros y cintas fueron preparados mientras formaba parte del personal del Hospital Infantil de Los Angeles y la facultad de medicina de la Universidad del Sur de California. Esto quería decir que yo necesitaba recibir la aprobación de un comité crítico de publicaciones que repasa todo material escrito por el personal profesional. Para poder obtener su aprobación, me vi obligado a aplicar las enseñanzas cristianas de una manera indirecta en mis libros. Ahora creo que realmente fue el Señor el que motivó este estilo "cauteloso", pues mis escritos han encontrado cierta aceptación entre los que no leerían libros cristianos más tradicionales. Sin embargo, haya sido correcto o no, yo no tuve mucha alternativa en el asunto. Permítame aclarar que todos mis puntos de vista concuerdan con mi interpretación de las Escrituras, y aunque a veces no haya incluido las citas específicas, la Biblia es mi norma.

Se dice con frecuencia que parte de la causa que mueve a una persona a estudiar la sicología es que quiere conocerse a sí misma. ¿Cree que usted se conoce a sí mismo bastante bien? ¿Cuáles son las cosas en las que usted necesita seguir trabajando?

Todavía estoy familiarizándome conmigo mismo y es probable que estaré trabajando en este proyecto hasta el día en que muera. Y tengo que soportar una abundante variedad de defectos y faltas que quisiera poder corregir. Por ejemplo, hay una característica de la adolescencia que se llama: "necesidades del ego", la cual sale a la superficie en mí, de vez en cuando. También tengo que luchar con el dominio propio y la autodisciplina como cualquier otra persona. Sin embargo, Dios acepta mis imperfecciones y me está ayudando a encargarme de los cambios que Él requiere.

Con respecto a sus argumentos en cuanto a la falta de autoestima, ¿no cree usted que en su enseñanza acerca del pecado original la Biblia dice que somos inferiores?

¡De ninguna manera! Somos hechos a la imagen de Dios mismo. Él dijo que cada uno de nosotros vale más que la posesión del mundo entero, y por esa importancia Jesús no se sintió avergonzado al referirse a sus seguidores como sus hermanos. Somos miembros de la familia de Dios, lo cual es un privilegio exclusivo. Creo que la Biblia enseña que debemos andar en humildad delante de Dios, "estimando cada uno a los demás como superiores a él mismo", sin arrastrarnos desesperados y desconfiando de nosotros mismos. En ninguna parte encuentro que se me ordene que debo aborrecerme y vivir sintiendo vergüenza y desagrado de mi persona. Sin embargo, lamentablemente, conozco muchos cristianos que se encuentran aplastados por los sentimientos de inferioridad, y a algunos de ellos se les ha enseñado en sus iglesias este concepto de la falta de valor personal.

¿Cree usted que los principios bíblicos y los principios sicológicos (estos últimos derivados de la experiencia, la

información empírica, etcétera) pueden complementarse?

El doctor Gary Collins considera que la sicología moderna está basada en cinco suposiciones que son humanísticas y ateas en lo esencial. Son empirismo, reduccionismo, relativismo, determinismo y naturalismo. Si esto fuera cierto, y yo creo que lo es, el sicólogo cristiano debe rechazar algunas partes de la instrucción que recibe en los programas universitarios. Yo he tenido que hacerlo. En su lugar disponemos de una abundancia de información acerca de la naturaleza humana, la cual ha tenido su origen en el Creador de la humanidad. La Biblia nos ofrece el "manual del Creador", el cual es absolutamente válido en la sicología que presenta. Pero, para responder a su pregunta de una manera más directa, diré que hay muchos casos en los cuales los razonamientos sicológicos tradicionales están perfectamente de acuerdo con las enseñanzas bíblicas.

¿En qué puntos clave no están de acuerdo los sicólogos cristianos de hoy?

Los terapeutas no están de acuerdo en cuanto a los métodos de tratamiento, de la misma manera en que no lo están los especialistas en las técnicas de la crianza de los hijos. Me gustaría señalar, no obstante, que *cada* profesión está caracterizada por diferencias de opinión parecidas. Muchas veces, los jueces se encuentran divididos sobre asuntos que están considerando. Y los médicos están en desacuerdo en casi todos los conceptos de la medicina, aunque sus pacientes, por lo general, ignoran el conflicto. Es razonable, por lo tanto, que los sicólogos (incluso los sicólogos cristianos) saquen distintas conclusiones acerca de la mente humana, que es tan complicada. Hasta que nuestro conocimiento de la conducta sea más completo, seguirán habiendo diferencias de opinión entre los científicos que estudian el comportamiento humano.

¿Animaría usted a los jóvenes para que piensen en la sicología como una vocación estratégica desde una perspectiva cristiana?

La sicología ofrece una oportunidad única, para que una persona sea útil como discípulo de Cristo. Recuerde que las personas, por lo regular, buscan ayuda profesional en los momentos de tensión nerviosa, cuando quieren encontrar respuestas, soluciones y alternativas. Han llegado a un punto de vulnerabilidad en el cual el consejo apropiado puede ser de mucha ayuda, y el consejo equivocado puede ser devastador. En mi práctica como sicólogo, me he dado cuenta de que es muy provechoso el presentar el punto de vista cristiano sobre el matrimonio, la moralidad, la crianza de los hijos, y la honestidad; y al mismo tiempo respetar el derecho del individuo a escoger por sí mismo. Lo que estoy diciendo es que la sicología cristiana es una profesión que es digna de que un joven creyente se dedique a ella, *siempre que* su fe sea lo suficientemente fuerte como para resistir los conceptos humanísticos a que se encontrará expuesto. Si empieza a poner en peligro sus creencias fundamentales, fácilmente podría llegar a estorbar y herir la fe cristiana.

5
Las diferencias entre hombres y mujeres

¿ **¿De qué maneras son distintos los hombres y las mujeres emocionalmente?**

Las emociones de las mujeres son influenciadas por tres funciones exclusivamente femeninas: la menstruación, el embarazo y la lactancia. Además, la glándula hipotálamo, que está en la base del cerebro, y que ha sido llamada "el centro de las emociones", aparentemente está diseñada de distinta manera en los hombres que en las mujeres. Por ejemplo, un shock o trauma emocional severo es interpretado por la glándula hipotálamo, la cual envía mensajes a la glándula pituitaria por medio de neuronas y hormonas. La glándula pituitaria suele responder cambiando la bioquímica de la mujer, quizá interrumpiendo el ciclo normal de la menstruación por seis meses o más. La fisiología femenina es un instrumento afinado con precisión, siendo más compleja y vulnerable que la de los hombres. Yo no acabo de entender por qué algunas mujeres consideran que este hecho es un insulto.

¿ Usted ha mencionado algunas de las maneras en que los hombres y las mujeres son diferentes fisiológicamente, y en cuanto a la manera en que reaccionan emocionalmente. ¿Podría usted describir algunas de las formas más *sutiles* en que los hombres y las mujeres son diferentes?

La ciencia médica no ha comenzado a identificar todas las ramificaciones de las diferencias extraordinarias entre los sexos. Las implicaciones son extremadamente sutiles. Por ejemplo, cuando unos investigadores anduvieron disimuladamente por los terrenos de algunas escuelas secundarias y universidades para estudiar el comportamiento de las personas de diferente sexo, observaron que los muchachos y las muchachas incluso llevan sus libros de una forma diferente. Los muchachos tienen la tendencia a llevarlos al lado. En contraste, las muchachas por lo general los llevan apoyados sobre el pecho, de la manera en que llevarían a un bebé en sus brazos. ¿Quién puede calcular cuántas otras influencias relacionadas con el sexo se encuentran debajo del nivel de la consciencia?

Por supuesto, algunas de las diferencias que se observan entre las personas de diferente sexo son producidas por la cultura. No sé cómo distinguir entre las diferencias que son exclusivamente genéticas y las que representan reacciones adquiridas; y francamente, no parece tener mucha importancia el que lo sepamos. Las diferencias existen, sea cual sea el motivo, y la actual revolución cultural no cambiará la mayoría de ellas considerablemente. Aunque me arriesgo a que me llamen un sexista, o propagador de los prejuicios sexuales, o un machista (o peor), permítame exponer algunos de los patrones emocionales típicos de las mujeres en comparación con los de los hombres.

La capacidad reproductora de las mujeres tiene como resultado que ellas aprecien más la estabilidad, la seguridad y las relaciones humanas duraderas. En otras palabras, las mujeres están más orientadas hacia el *futuro*, a causa de su fisiología procreadora y su interés en los niños que las motiva.

Relacionada con el primer punto, está la inversión emocional de la mujer en su hogar, que generalmente excede a la de su esposo. Por lo general, ella tiene más interés que él en los pequeños detalles de la casa, el buen funcionamiento de la familia y otras cosas como esas. Por ejemplo, mi esposa y yo decidimos instalar un nuevo asador en el patio. Cuando quedó instalado, los dos nos dimos cuenta de que estaba 15 centímetros demasiado alto. Mi reacción fue: "Pues sí, el que lo instaló cometió un error. Está demasiado alto. A propósito, ¿qué vamos a comer?" La reacción de Shirley fue totalmente distinta: "Esa cosa está demasiado alta, y no creo que voy a poder soportar el verla así". El contraste de nuestras opiniones representó la diferencia clásica de la intensidad emocional del hombre y la mujer en cuanto a lo que al hogar se refiere.

Los hombres y las mujeres son diferentes también en cuanto al espíritu de competencia. El que dude este hecho debe observar cómo los hombres y las mujeres participan en un juego de ping-pong, Monopolio, dominó, voleibol, o tenis. Es probable que las mujeres usen la ocasión como una excusa para tener compañerismo y una conversación agradable. Pero el interés que los hombres tienen es *triunfar*. Aunque el ambiente sea el de una reunión amistosa en el patio de la casa de los vecinos, las gotas de sudor en las frentes de cada uno de los hombres muestran su pasión por ganar. Se ha dicho que este espíritu de competencia agresiva es resultado de las influencias culturales. Pero yo no creo que es así. Como ha dicho el doctor Richard Restak, en su libro titulado en inglés: *Brain! The Lost Frontier* [¡*El cerebro! La frontera perdida*]: "En una fiesta de cumpleaños, de niños de cinco años, por lo general no son las niñas las que tiran del pelo a los demás, o dan golpes, o se ensucian unas a otras con la comida".

Además, al parecer, se produce una inclinación maternal en la mayoría de las mujeres, aunque en algunas de ellas es más fuerte que en otras. El deseo de procrear es ciertamente evidente en las mujeres que no pueden concebir. Recibo continuamente cartas de mujeres que expresan gran frustración por su incapacidad para llegar a ser madres. Aunque la cultura desempeña un papel principal en su anhelo de tener hijos, creo que éste se encuentra arraigado en la anatomía y la fisiología de la mujer.

Todas las cosas que he mencionado sirven como ilustración, pero no representan una descripción científica de las diferencias entre los hombres y las mujeres. Por lo tanto, los ejemplos que he dado sólo han tratado el asunto muy superficialmente, y le invito a usted a que agregue sus propias observaciones y haga sus propias interpretaciones.

¿ **Usted ha declarado en sus libros que los hombres y las mujeres desarrollan la autoestima de manera distinta. ¿Explicaría usted esa singularidad?**

Los hombres y las mujeres tienen las mismas necesidades de sentirse importantes y de ser aceptados por otros; pero típicamente enfocan esas necesidades de un ángulo diferente; en particular, si la mujer dedica todo su tiempo al cuidado de la casa. El hombre deriva su sentido de importancia, principalmente, de la reputación que gana en su trabajo o profesión. Obtiene satisfacción emocional por medio del éxito en los negocios, llegar a ser independiente en sus finanzas, desarrollar una habilidad o destreza altamente respetada, supervisar a otros, llegar a ser "jefe", o el ser amado y apreciado por sus pacientes, clientes, o compañeros de negocios. El hombre que tiene éxito en estas áreas, no depende de su esposa como *principal* protección contra sentimientos de inferioridad. Por supuesto, ella representa una parte importante como su compañera y esposa, pero no es indispensable para el respeto que él tiene de sí mismo día a día.

En contraste, una ama de casa ve su matrimonio desde una perspectiva totalmente diferente. Ella no tiene acceso a "otras" fuentes de autoestima, generalmente disponibles para su esposo. Ella puede cocinar una buena cena, pero una vez que terminaron de comer, pudiera ser que su familia ni siquiera recuerde darle las gracias. Sus tareas en el hogar no la hacen merecedora del respeto de la comunidad, y no es probable que la elogien por la calidad de sus habilidades para sacudir el polvo de los muebles. Por lo tanto, mientras más aislada llega a estar, de más vital importancia será su esposo para que ella llegue a tener una sensación de satisfacción, confianza y bienestar. Una buena y útil simplificación sería esta: los hombres derivan su autoestima al ser respetados; las mujeres se sienten importantes cuando son *amadas*. Es posible que ésta sea la distinción más importante de la personalidad entre las personas de distinto sexo.

¿Sienten la misma necesidad de tener relaciones sexuales los hombres y las mujeres?

Los hombres y las mujeres son muy diferentes en cuanto a sus manifestaciones del deseo sexual. Investigaciones recientes parecen indicar que la intensidad del placer y la excitación en el momento del orgasmo, en las mujeres, y de la eyaculación, en los hombres, es casi igual para ambos sexos, aunque el camino hacia ese clímax tome una dirección diferente. La mayoría de los hombres se pueden excitar con más rapidez que las mujeres, y son capaces de alcanzar el punto culminante antes que sus esposas hayan dejado de pensar en la cena y en la ropa que los niños se van a poner al día siguiente. Un hombre es prudente si acepta esta inercia femenina y participa con su esposa al paso de ella.

Sin embargo, esta moneda tiene dos caras. También las mujeres deberían entender cómo las necesidades de sus esposos son distintas de las que tienen ellas. Cuando la respuesta sexual de los hombres es obstruida, experimentan una acumulación de presión fisiológica, que exige ser descargada. Dos vesículas seminales (pequeños sacos que contienen semen) se llenan, gradualmente, a capacidad; cuando se alcanza el nivel máximo, influencias hormonales hacen sensible al hombre a todo estímulo sexual. Mientras que cierta mujer pudiera ser de poco interés para él cuando está satisfecho, es posible que se le despierte el deseo sexual, sólo con estar en su presencia, cuando se encuentra en una condición de privación. A una esposa puede serle difícil el comprender este aspecto de acumulación del apetito sexual de su esposo, ya que típicamente sus necesidades son menos urgentes. Así que debería reconocer que su deseo está dirigido por fuerzas bioquímicas internas precisas, y si lo ama, tratará de satisfacer esas necesidades de una manera tan significativa y regular como le sea posible. No estoy negando que las mujeres tienen necesidades sexuales precisas, las cuales buscan satisfacción; más bien, sólo estoy explicando que normalmente la abstinencia es más difícil de tolerar para los hombres que para las mujeres.

¿ **¿Puede ser usted más específico referente a las diferencias en el deseo sexual y las preferencias de los hombres y las mujeres? En vista de que me voy a casar pronto, quisiera saber en qué forma serán diferentes las necesidades de mi esposo de las mías. ¿Podría usted resumir las diferencias principales que existirán entre nosotros?**

Usted es prudente al hacer esta pregunta, porque muchas veces el no entender las preferencias de los hombres y las mujeres es una causa continua de frustración y culpabilidad en el matrimonio.

En primer lugar, los hombres se excitan principalmente por medio del estímulo *visual*. La desnudez femenina, o echar un vistazo a la semidesnudez, los excita. Las mujeres, por otra parte, están mucho menos visualmente orientadas que los hombres. Claro que están interesadas en los cuerpos masculinos atractivos, pero el mecanismo fisiológico del sexo no es puesto en funcionamiento, regularmente, por lo que ven; las mujeres son estimuladas principalmente por medio del sentido del tacto. Por eso, es en el dormitorio donde encontramos la primera causa de desacuerdo; él quiere que ella aparezca desnuda cuando todavía la luz está encendida, y ella quiere que él la acaricie en la oscuridad.

Segundo, y mucho más importante, los hombres no hacen mucha distinción en cuanto a la persona que está viviendo dentro de un cuerpo interesante. Un hombre puede ir caminando por la calle y sentirse excitado por una mujer ligeramente vestida, que pasa por su lado moviendo los hombros y las caderas, aun cuando él no sabe nada acerca de su personalidad o sus valores morales o sus capacidades mentales. Él se siente atraído por el cuerpo de ella, y eso es todo. Del mismo modo, él se puede excitar al ver una fotografía de una modelo desnuda pero desconocida, casi tanto como en un encuentro personal con alguien a quien ama. Por naturaleza, el puro poder biológico del deseo sexual del hombre está concentrado, mayormente, en el cuerpo físico de una mujer atractiva. Por lo tanto, hay cierta validez en la queja de las mujeres de que han sido usadas como "objetos sexuales" por los hombres. Esto explica el motivo por el que hay muchas más mujeres prostitutas que hombres, y por qué pocas mujeres intentan "violar" a hombres. También explica por qué un público compuesto de hombres ancianos se puede excitar al ver cómo se desnuda una bailarina. Esto refleja el hecho de que la autoestima masculina está motivada más por el deseo de "conquistar" a una mujer que por llegar a ser el objeto de su amor romántico. Estas no son características muy agradables de la sexualidad masculina, pero están bien documentadas en la literatura profesional.

Por otra parte, las mujeres hacen mucha más distinción en cuanto a su interés sexual. La mujer no se siente tan estimulada al observar a un hombre bien parecido y atractivo, o por la fotografía de un modelo peludo; más bien, su deseo generalmente está enfocado en un individuo en particular a quien respeta y admira. Una mujer es estimulada por la atmósfera romántica que envuelve al hombre, y por su carácter y personalidad. Ella se entrega al hombre que la atrae emocionalmente, además de físicamente. Obviamente, hay excepciones a estos deseos característicos, pero el hecho sigue en pie: para los hombres las relaciones sexuales son un fenómeno principalmente físico; para las mujeres son una experiencia profundamente emocional.

¿ Usted ha explicado las diferencias entre las personas de distinto sexo con relación a la reproducción,
¿podría enumerar otras características *físicas* de los hombres y las mujeres?

El difunto doctor Paul Popenoe, fundador del Instituto
Americano de las Relaciones Familiares, en la ciudad de Los
Angeles, escribió un breve artículo sobre el tema que usted
ha sacado a la luz. Permitiré que él responda a la pregunta:
¿Son realmente diferentes las mujeres? (*Family Life*, febrero
de 1971. vol. 31, no. 2. Usado con permiso.)

1. Los hombres y las mujeres difieren en cada célula de sus
   cuerpos. Esta diferencia en la combinación de los cromosomas es la causa básica del desarrollo masculino o
   femenino, según sea el caso.

2. Las mujeres tienen una mayor vitalidad constitucional,
   quizá debido a esta diferencia en los cromosomas. Normalmente, la mujer vive unos tres o cuatro años más que
   el hombre.

3. Los hombres y las mujeres difieren en cuanto a su metabolismo fundamental; normalmente el de la mujer es más
   bajo que el del hombre.

4. Las mujeres difieren de los hombres en la estructura del
   esqueleto; tienen la cabeza más pequeña, la cara más
   ancha, la barbilla menos saliente, las piernas más cortas
   y el tronco más largo. El dedo índice de la mujer es, por
   lo regular, más largo que el anular; con el hombre ocurre
   lo contrario. Los dientes de leche de los niños duran más
   que los de las niñas.

5. Finalmente, las mujeres tienen más grandes el estómago,
   los riñones, el hígado y el apéndice, y más pequeños los
   pulmones.

6. El organismo de la mujer realiza funciones importantes
   de las cuales carece por completo el del hombre: la
   menstruación, el embarazo y la lactancia. Todas ellas
   influyen en su conducta y sentimientos. Tiene más hormonas

diferentes que el hombre. Una misma glándula se comporta de una manera diferente en los dos sexos; por lo tanto, la glándula tiroides de la mujer es mayor y más activa; se agranda durante la menstruación y el embarazo; hace que ella esté más propensa al bocio, le da resistencia al frío, está asociada con la suavidad de la piel, menos pelo en el cuerpo, y una capa delgada de grasa subcutánea, que son elementos importantes en cuanto al concepto de la belleza personal. También contribuye a la inestabilidad emocional, por eso ella se ríe y llora con más facilidad.

7. La sangre de la mujer contiene más agua (20 por ciento menos glóbulos rojos). Como son éstos los que suministran oxígeno a las células del cuerpo, ella se cansa con más facilidad, y está más propensa a desmayarse. Por lo tanto, su viabilidad constitucional es exclusivamente una cuestión de largo plazo. Durante la guerra, cuando las horas de trabajo en las fábricas británicas fueron aumentadas de 10 a 12 horas, los accidentes entre las mujeres aumentaron 150 por ciento, en los hombres no aumentaron en los más mínimo.

8. En cuanto a fuerza bruta, los hombres tienen 50 por ciento más que las mujeres.

9. El corazón de la mujer late más rápido (80 veces por minuto en contraste a 72 para los hombres); la presión de su sangre es diez puntos más baja que la del hombre, y varía de un minuto a otro. Pero ella tiene mucha menos tendencia a padecer de hipertensión, al menos hasta que comienza la menopausia.

10. La fuerza de su respiración, o su capacidad pulmonar, es inferior en una proporción de 7 a 10.

11. Ella puede resistir las temperaturas altas mejor que el hombre porque su metabolismo disminuye menos.

6

El significado de la masculinidad

¿ **Al leer su libro:** *Hablemos con franqueza,* **es claro que usted es un defensor del liderazgo masculino en el hogar. ¿Qué respuesta daría usted a las feministas que consideran que este punto de vista es machista y anticuado?**

Es importante entender lo que quiero decir cuando hablo del liderazgo masculino. No estoy tratando de justificar a los hombres que oprimen a sus hijos o desatienden las necesidades y los deseos de sus esposas. Esa clase de autoritarismo está muerto. Sin embargo, yo creo que la Biblia (la cual es la norma por la cual mido *todo*) dice claramente que a los hombres se les ha asignado la responsabilidad principal de la autoridad en el hogar. Por lo menos yo entiendo que ésa es la norma bíblica. Efesios 5:22-28 dice:

> *Las casadas estén sujetas a sus propios maridos, como al Señor; porque el marido es cabeza de la mujer, así como Cristo es cabeza de la iglesia, la cual es su cuerpo, y él es su Salvador. Así que, como la iglesia está sujeta a Cristo, así también las casadas lo estén a sus maridos en todo. Maridos, amad a*

vuestras mujeres, así como Cristo amó a la iglesia, y se entregó a sí mismo por ella, para santificarla, habiéndola purificado en el lavamiento del agua por la palabra, a fin de presentársela a sí mismo, una iglesia gloriosa, que no tuviese mancha ni arruga ni cosa semejante, sino que fuese santa y sin mancha. Así también los maridos deben amar a sus mujeres como a sus mismos cuerpos. El que ama a su mujer, a sí mismo se ama.

Este pasaje de la Biblia, en combinación con muchos otros relacionados con la sumisión de la esposa a la autoridad del esposo (por ejemplo, 1 Pedro 3:1: "Asimismo vosotras, mujeres, estad sujetas a vuestros maridos; para que también los que no creen a la palabra, sean ganados sin palabra por la conducta de sus esposas"), deja bien claro para mí que un hombre cristiano tiene la obligación de guiar a su familia lo mejor que pueda. Al parecer, Dios espera que el hombre sea el que tome las decisiones finales en su familia. También tiene la mayor responsabilidad por los resultados de esas decisiones. Por ejemplo, si la familia contrae demasiadas deudas, entonces la crisis económica es finalmente culpa suya. Si la familia nunca lee la Biblia, o rara vez va a la iglesia los domingos, Dios lo considera culpable a él. Si los hijos son irrespetuosos y desobedientes, la responsabilidad principal cae sobre el padre; no sobre la madre. No recuerdo que la esposa de Elí fuera criticada por haber criado mal a sus dos hijos; fue su marido el que cayó bajo la ira de Dios. (Vea 1 Samuel 3:13.)

Así que, desde esta perspectiva, ¿qué ocurre en la familia cuando el que ha sido designado como líder no cumple con su obligación? Veo consecuencias similares en una corporación cuyo presidente sólo aparenta dirigir la compañía. La organización se desintegra muy rápidamente. La comparación con las familias sin líderes es muy evidente. En mi opinión, la mayor necesidad que existe hoy en día es que los maridos comiencen a guiar a sus familias, en vez de invertir todos sus recursos físicos y emocionales nada más que en ganar dinero.

¿ **¿Podría hablar usted, de una manera más específica, sobre la relación entre las personas de diferente sexo? ¿Favorece usted un arreglo, que divida en dos partes iguales la acción o influencia recíproca entre marido y mujer?**

No, por supuesto que no. Sin embargo, permítame ofrecerle dos opiniones acerca de la relación ideal entre marido y mujer, que pueden hacer más claro mi punto de vista. Primero, debido a la naturaleza frágil del ego del hombre y a su enorme necesidad de ser respetado, en combinación con la vulnerabilidad femenina y la necesidad de la mujer de ser amada, creo que es un error el interferir en la relación, que ha sido respetada a través de todas las épocas, del esposo como protector amoroso y la esposa como receptora de esa protección.

Segundo, debido a que un barco con dos capitanes se hunde y dos cocineros echan a perder el caldo, creo que una familia debe tener un líder cuyas decisiones prevalezcan en las ocasiones cuando existen opiniones diferentes. Si es que entiendo la Biblia, ese papel le ha sido asignado al hombre de la casa. Sin embargo, él no debe incitar a la rebelión a su tripulación, por medio de su torpe indiferencia hacia sus sentimientos y necesidades. Él debería, en realidad, poner los intereses de su familia por encima de los suyos propios, incluso hasta la muerte, si fuese necesario. No hay ningún lugar en la Biblia donde se le autorice a hacerse un dictador o un dueño de esclavos.

Otras combinaciones de trabajo en equipo del marido y la mujer han tenido éxito en algunas familias, pero he visto muchas complicaciones, que han sucedido en los matrimonios, cuando el hombre era pasivo y débil, y además carecía de cualidades de mando. Ninguna de las alternativas modernas ha mejorado el papel masculino tradicional, que ha sido establecido en la Biblia. Después de todo, fue inspirado por el Creador de la humanidad.

¿ **Se ha escrito y dicho mucho del hombre "muy macho" que no puede mostrar sus verdaderos sentimientos y emociones. ¿Está de acuerdo usted en que la mayoría de los hombres controlan demasiado sus emociones, y que deberían ser más vulnerables a ellas?**

Quizá sí. Es importante que los hombres estén dispuestos a llorar, amar y anhelar (y puedan hacerlo). Mi padre, que era el símbolo de la masculinidad para mí, era un hombre tierno que no tenía vergüenza de llorar. Por otra parte, es peligroso el permitir que las emociones gobiernen nuestras mentes. Los sentimientos no deben dominar el juicio razonable, especialmente en momentos de crisis, ni tampoco debemos permitir que las frustraciones menores de la vida produzcan depresión y desánimo. Tanto los hombres como las mujeres deben aprender a ventilar sus sentimientos y ser personas "de verdad" sin ceder a la tiranía de las emociones fluctuantes.

¿ **¿Cuál cree usted que es la prioridad número uno de un padre?**

Creo que la responsabilidad más importante de un padre es comunicar el verdadero significado del cristianismo a sus hijos. Esta misión puede ser comparada con una carrera de relevos en la que hay tres corredores. Primero, el padre de usted da su vuelta alrededor de la pista, llevando en su mano el testigo (o sea, el objeto en forma de palo que se transmiten los corredores), que representa al Evangelio de Cristo. En el momento adecuado, él le entrega el testigo a usted, y usted comienza su carrera alrededor de la pista. Después finalmente, llega el momento en el que usted debe poner el testigo en las manos de sus hijos, con seguridad. Pero como cualquier entrenador de carreras puede confirmar, *las carreras de relevos son ganadas o perdidas al transmitir el testigo*. Hay un momento crítico cuando todo puede perderse por medio de una torpeza o un error. Raras veces se deja caer el testigo mientras el corredor lo tiene firmemente agarrado, casi siempre es dejado caer en el momento en que es pasado por un corredor al otro. Si el fracaso va a ocurrir, es probable que sucederá durante el intercambio entre padres e hijos.

Según los valores cristianos que gobiernan mi vida, la razón más importante de mi existencia es poner, de una manera segura, el testigo, o sea, el Evangelio, en las manos de mis hijos. Desde luego que quiero ponerlo en las manos de tantas personas como me sea posible; *sin embargo, mi responsabilidad número uno es evangelizar a mis propios hijos.* Espero que millones de otros padres estén de acuerdo con esta prioridad fundamental.

¿ **Estoy de acuerdo con usted en cuanto a que el padre debe ser el líder espiritual de la familia. Pero simplemente no sucede así en nuestra casa. Si los niños van a la iglesia, es porque yo los despierto y los preparo. Si tenemos un tiempo devocional familiar, es porque yo insisto en ello, y yo soy quien ora con los niños cuando se acuestan. Si yo no lo hiciera así, nuestros hijos no recibirían ninguna instrucción espiritual. Pero la gente sigue diciendo que yo debería esperar a que mi esposo acepte tomar la dirección espiritual de nuestra familia. ¿Qué cree usted que debo hacer?**

Esa es una pregunta sumamente importante. Algunos líderes cristianos, como usted ha indicado, enseñan que la mujer debe esperar pasivamente a que su esposo asuma la responsabilidad espiritual. Recomiendan que ella espere a que Dios ejerza presión sobre él para que ocupe el puesto de líder espiritual. Estoy totalmente en desacuerdo con esa opinión cuando niños pequeños están involucrados. Si el asunto tuviera que ver solamente con el bienestar espiritual de un esposo y una esposa, la mujer podría esperar. Sin embargo, con la presencia de niños y niñas, el cuadro cambia de manera dramática. Cada día que pase sin que ellos reciban instrucción espiritual, es un día que nunca podrá ser recuperado.

Si su esposo no aceptara el papel de líder espiritual que Dios le ha dado, entonces yo creo que usted debe hacerlo. No tiene tiempo que perder. Debe continuar llevando a la familia a la iglesia, debe orar con los niños y enseñarles a leer la Biblia. Además, debe continuar con su tiempo devocional personal y mantener su propia relación con Dios. En pocas palabras, creo que la vida espiritual de los niños (y los adultos) simplemente es demasiado importante para que una mujer espere por dos o cuatro o seis años, confiando en que finalmente su marido se despertará. Jesús dejó en claro que los miembros de nuestra propia familia pueden ser las barreras más grandes para nuestra fe, pero no se les debe permitir esto. Él dijo:

No penséis que he venido para traer paz a la tierra; no he venido para traer paz, sino espada. Porque he venido para poner en disensión al hombre contra su padre, a la hija contra su madre, y a la nuera contra su suegra; y los enemigos del hombre serán los de su casa. El que ama a padre o madre más que a mí, no es digno de mí; el que ama a hijo o hija más que a mí, no es digno de mí.

Mateo 10:34-37

Este conflicto se ha experimentado dentro de mi propia familia. Mi abuelo, R. L. Dobson, era un hombre moral que no veía ninguna necesidad para la fe cristiana. Su falta de interés espiritual ponía bajo grande presión a mi abuelita, Juanita Dobson, puesto que ella era una cristiana dedicada que sentía que tenía que poner a Dios en primer lugar. Por lo tanto, ella aceptó la responsabilidad de guiar a sus seis hijos al Señor Jesucristo. Había ocasiones en que mi abuelo la presionaba mucho, no para que ella dejara la fe, sino para que no lo involucrara a él.

Él decía: "Soy un buen padre y proveo para las necesidades de mi familia, pago mis cuentas y soy honesto con los demás. Eso basta". Su esposa contestaba: "Eres un buen hombre, pero eso no es suficiente. Debes entregarle tu corazón a Dios". Pero él no podía comprender eso. Mi abuelita nunca intentó obligarle a aceptar su fe, ni lo trató de manera irrespetuosa. Pero continuó calladamente orando y ayunando por el hombre a quien ella amaba. Por más de 40 años le hizo a Dios la misma petición sobre sus rodillas.

Luego, cuando tenía 69 años de edad mi abuelo sufrió un ataque de apoplejía, y por primera vez en su vida estaba gravemente enfermo. Un día, su joven hija entró a su habitación para limpiarla y arreglarla. Al pasar junto a su cama, vio lágrimas en sus ojos. Nadie lo había visto llorar nunca.

"Papá, ¿qué te pasa?" le preguntó.

Él respondió: "Hija, ve a llamar a tu madre".

Mi abuelita llegó corriendo al lado de su esposo y le escuchó decir: "Sé que voy a morir y no le tengo miedo a la muerte, pero todo es tan oscuro. No hay salida. He vivido toda mi vida sin darme cuenta de lo que realmente es importante. ¿Orarías por mí?"

"¿Oraría por ti?" exclamó la abuelita. Ella había estado esperando oír esas palabras durante toda su vida de adulta. Cayó de rodillas y sus 40 años de intercesión se expresaron a través de la oración que hizo junto a esa cama. R. L. Dobson entregó su corazón a Dios en ese hermoso día.

Durante las siguientes dos semanas, él quiso ver a algunos de los miembros de la iglesia a quienes había ofendido y les pidió perdón. Puso en orden sus asuntos personales y murió con un testimonio en los labios. Antes de caer en coma, del que nunca despertó, mi abuelo dijo: "Ahora hay un camino a través de la oscuridad".

Las oraciones incesantes de mi pequeña abuela habían sido contestadas.

Regresando a su pregunta, quisiera advertirle que no adopte una actitud santurrona con su marido y no lo critique. Haga todo en un espíritu de amor. Es posible que haya algunos años solitarios cuando usted tenga que llevar la carga de la dirección espiritual de sus hijos. Si así fuera, el Señor ha prometido caminar con usted a través de esos años difíciles.

¿ **De continuo oigo decir que no es prudente el entusiasmarse demasiado con los éxitos de nuestros hijos, pero eso es algo que no puedo evitar. ¿Es malo el que yo sienta un orgullo de padre cuando mi hijo triunfa en un partido de baloncesto? ¿Cómo podría dejar de *interesarme* en la calidad de lo que él hace?**

No hay nada malo en que nos sintamos bien acerca de los éxitos de nuestros hijos. El problema se presenta cuando los padres se interesan demasiado acerca de esos triunfos y fracasos... cuando ellos mismos están dependiendo de lo que sus hijos llegan a realizar... cuando triunfar es necesario para conservar el respeto y el amor de los padres. Los hijos deberían saber que son aceptados simplemente porque son creación de Dios. ¡Eso es suficiente!

Recuerdo a John McKay, ex entrenador de fútbol americano de la Universidad del Sur de California, al que vi mientras lo entrevistaban en la televisión, durante una ocasión en la que su hijo, John, se encontraba triunfando como jugador de fútbol en el equipo de la universidad. El entrevistador se refirió al talento del hijo y le pidió al entrenador que dijera algo acerca del orgullo que debía estar sintiendo por los triunfos de él en el terreno de juego. Su respuesta fue muy impresionante:

"Sí, estoy contento de que mi hijo tuvo una buena temporada el año pasado. Es un excelente jugador, y estoy orgulloso de él. Pero, estaría igualmente orgulloso aunque jamás hubiera jugado ni un solo partido".

En realidad, el entrenador McKay estaba diciendo que el talento de su hijo, como jugador de fútbol, era reconocido y apreciado, pero su valor humano no dependía de su habilidad para jugar ese deporte. Así que, su hijo no perdería su respeto si durante la próxima temporada venían el fracaso y la desilusión. El lugar que el hijo ocupaba en el corazón de su padre estaba seguro, no dependía de lo que él llegara a realizar, o sea, no dependía de sus fracasos o éxitos. Ojalá que cada hijo pudiera decir lo mismo.

¿ **Tradicionalmente, los padres no han estado muy involucrados en la disciplina de los niños de edad preescolar. ¿Qué piensa usted sobre la importancia de que el padre se involucre en su disciplina?**

Es muy importante que el padre ayude en la disciplina y participe en el proceso de crianza cuando le sea posible. Por supuesto, los hijos necesitan a sus padres, y responden a su firmeza masculina; pero también las esposas necesitan que sus esposos se involucren. Esto es especialmente cierto en el caso de las amas de casa que se han pasado el día en una lucha continua, y al anochecer se encuentran en un estado de completo agotamiento. Por supuesto, los maridos también se cansan, pero si pueden sostenerse en pie lo suficiente como para ayudar a sus esposas a meter a las pequeñas fieras en la cama, nada podría contribuir más a la estabilidad de sus hogares. Siento mucha compasión por la madre que al mismo tiempo se encuentra criando a uno o dos niños de edad preescolar, y a un bebé. No hay una labor más difícil que esa sobre la faz de la tierra. Los esposos que se dan cuenta de esta realidad pueden ayudar a sus esposas a sentirse comprendidas, amadas y apoyadas en la importante labor que están realizando.

¿ **Nuestros dos hijos obedecen a mi esposo con el simple hecho de que él diga una palabra, o incluso responden con un pequeño gesto que les hace cuando**

estamos en un grupo. Pero yo tengo que gritar y amenazarlos para que presten atención. ¿Por qué cree usted que sucede esto?

Esa diferencia en la manera en que los hijos les hacen caso a los padres es resultado, por lo general, de dos factores: (1) Es más probable que el padre respalde sus órdenes con la *acción* si los hijos no le obedecen, y ellos lo saben; (2) La madre pasa más tiempo con los hijos, y como se dice: "Lo conocido no se estima". La autoridad de ella se va desgastando, de manera gradual, bajo la presión constante.

No obstante, existe algo más que ejerce influencia y que me gustaría considerar en una forma más completa. Me refiero al hecho de que los hijos, por naturaleza, miran hacia el padre en busca de autoridad. Cuando Ryan, nuestro hijo, tenía cuatro años de edad, escuchó por casualidad algo relacionado con mi niñez.

"Papá, ¿fuiste alguna vez un niño pequeño?", me preguntó.

"Sí, Ryan, yo fui más pequeño que tú", le respondí.

"¿Fuiste alguna vez un bebé?", me preguntó con incredulidad.

"Sí, todo el mundo es un bebé pequeñito cuando nace".

Ryan parecía desconcertado. Él, en realidad, no podía comprender que su padre, tan grande y fuerte, hubiese sido un niño pequeño. Se quedó pensando por un minuto, y entonces dijo: "¿Fuiste un papá-bebé?"

Era imposible para Ryan el imaginarme sin el manto de autoridad, ni siquiera en el tiempo cuando yo había sido un pequeñito recién nacido. Su hermana de nueve años reaccionó de manera similar la primera vez que vio películas caseras de cuando yo había tenido cuatro años. Allí en la pantalla había un niño con cara inocente de bebé montado en un caballo. A Danae se le tuvo que asegurar que yo era el de la película, y después exclamó: "¿Ese bebé me da nalgadas?"

Tanto Danae como Ryan mostraron la forma en que me veían a mí... no como un hombre al cual se le había dado autoridad... sino, como un hombre que *era* la autoridad. Así es la naturaleza de los niños. Es algo característico de ellos que le presten atención a los padres, cuya estatura y fuerza, y voces más graves indican autoridad. Por eso, a pesar de numerosas excepciones, probablemente los hombres que son maestros se encargan de administrar la disciplina en el aula con más facilidad que las mujeres tiernas con sus voces femeninas. (Una maestra me dijo en una ocasión que la lucha por controlar su clase era como tratar de mantener 32 pelotas de ping-pong debajo del agua al mismo tiempo.)

También por eso las madres necesitan que sus esposos se involucren en la disciplina. No es que el hombre tenga que enfrentarse a cada acto de desobediencia, sino que debe servir como el fundamento sobre el cual se construye la autoridad de los padres. Además, debe quedar en claro ante los hijos que papá está de acuerdo con las reglas de mamá, y la defenderá cuando haya insurrección. Refiriéndonos a 1 Timoteo 3:4, esto es lo que significa ser un padre "que gobierne bien su casa".

 ¿En qué consiste la crisis de la edad madura que experimentan muchos hombres?

La misma consiste en un tiempo de intensa evaluación personal, cuando pensamientos espantosos y perturbadores surgen en la mente del hombre, formulando preguntas acerca de quién es él, por qué está aquí, y qué importancia tiene todo lo relacionado con su vida. Es un período de desconfianza en sí mismo, y de desencanto con todo lo que es familiar y estable. Se hacen presentes en su mente pensamientos aterradores que no puede admitir o revelar, ni siquiera a sus familiares y amigos más cercanos. Muchas veces, estas ansiedades producen una separación desagradable entre él y sus seres queridos, en un momento en el cual necesita desesperadamente ayuda y comprensión.

¿   **¿Cuándo les ocurre a los hombres, por lo regular, la crisis de la edad madura, y cuán común es?**

Este tiempo, de desconfianza en sí mismo, normalmente ocurre durante la tercera o cuarta década de la vida, pero puede acontecer durante la quinta. Lee Stockford reportó los resultados de tres investigaciones, que incluyeron a más de 2,100 hombres, y llegó a la conclusión de que 80 por ciento de los que son dirigentes de alguna empresa, entre las edades de 34 y 42 años, experimentan algún tipo de trauma durante la edad madura. Este cálculo concuerda con mis propias observaciones, especialmente entre hombres de negocios y profesionales que son muy activos y están teniendo éxito en sus ocupaciones.

¿   **¿Qué es lo que un hombre experimenta durante una crisis de la edad madura completamente desarrollada?**

El doctor Jim Conway ha escrito un libro titulado: *Los hombres en su crisis de media vida* (Casa Bautista de Publicaciones, 1982), el cual recomiendo mucho. En el mismo, identifica cuatro "enemigos" principales que atormentan al hombre que está entrando en este período. El primero es su propio cuerpo. No cabe duda, ese tipo que hace solamente unos pocos años era guapo, delgado, atlético y musculoso, ahora se está envejeciendo. Se le está cayendo el pelo, a pesar de sus desesperados intentos por proteger cada mechón que le queda. Luego se da cuenta de que ya no tiene el vigor que antes tenía. También, pueden verse grandes arrugas en su cara, que lo dejan sobresaltado y deprimido, mientras se queda parado a cinco centímetros del espejo, mirándose con incredulidad.

Para resumir esta primera gran preocupación por los años de la edad madura, diré que un hombre que se está acercando a los 40 años se ve obligado a admitir: (1) que se está poniendo viejo; (2) que los cambios producidos por el envejecimiento no son ni atractivos ni convenientes; (3) que vive en un mundo en el cual se compara el valor del ser humano con la juventud y la belleza, y que él está a punto de sufrir una devaluación personal; (4) que la ancianidad está a menos de dos décadas de distancia, la cual traerá finalmente enfermedad y muerte. Cuando un hombre hace frente a estos problemas por primera vez, con toda seguridad va a experimentar una repercusión emocional por el impacto.

El segundo enemigo con que se enfrenta el hombre durante sus años de edad madura es su trabajo. Generalmente, no le gusta su trabajo y se siente atrapado en la ocupación o profesión que ha escogido. Muchos obreros y empleados de oficinas quisieran haber tenido la oportunidad de haber estudiado medicina o leyes, o la profesión dental. No se dan cuenta de que los médicos, los abogados y los dentistas suelen desear haber escogido ocupaciones menos absorbentes y agotadoras; trabajos que se pudieran olvidar en las noches y los fines de semanas; trabajos que no impusieran una amenaza constante de problemas legales; trabajos que dejaran tiempo para las recreaciones y los pasatiempos. Esta inquietud causada por el trabajo habitual, y que tiene lugar en todos los niveles socioeconómicos, alcanza la cumbre de su intensidad en la edad madura, cuando al tener un nuevo conocimiento de la brevedad de la vida, el hombre no quiere malgastar un solo día de los que le quedan. Por otra parte, no tiene mucho que escoger. Las necesidades financieras de su familia exigen que él siga apresurándose, para poder mantener el estilo de vida que han conocido. Por eso, siente que la presión aumenta cada vez más.

Aunque usted no lo crea, el tercer enemigo que se levanta para hacerle frente es su propia familia. Esos años tormentosos de desconfianza en sí mismo y de introspección pueden ser devastadores para el matrimonio. Esta clase de hombre se enoja frecuentemente, se deprime y se rebela contra los más cercanos a él. No le gusta el hecho de que su esposa y sus hijos lo necesiten. No importa cuán duro trabaje, siempre necesitan más dinero del que él puede ganar, y eso lo inquieta todavía más. En un momento cuando se encuentra de un humor egoísta, deseando satisfacer sus propias necesidades, parece que cada miembro de la familia está tirando de él. Incluso sus padres ahora han llegado a ser su responsabilidad económica y emocional. Esto hace que se apodere de él un intenso deseo de salir huyendo.

Pareciera que Dios mismo fuera el cuarto y último enemigo del hombre durante la edad madura. Mediante una extraña manipulación de la lógica, el hombre culpa a su Creador por todos sus problemas, acercándose a Él con rebeldía e ira. Lo que a su vez le hace sentirse condenado, abandonado y no amado por Dios. La consecuencia es una fe debilitada y un sistema de creencias que está derrumbándose. Esto, más que ningún otro factor, explica los cambios radicales en la conducta, que a veces acompañan a los conflictos de la edad madura.

Permítame que le dé a este último punto el mayor énfasis posible. Una de las observaciones más comunes que me hacen los familiares y amigos de un hombre que está pasando por la crisis de la edad madura refleja este cambio repentino en su personalidad y conducta.

Frecuentemente una esposa dirá: "No entiendo qué es lo que le ha pasado a Juan. Parece haber cambiado de la noche a la mañana de esposo y padre estable y amoroso a un pillo irresponsable. Ha dejado de ir a la iglesia, y ha comenzado a coquetear con otras mujeres delante de todo el mundo. Ha perdido el interés en nuestros hijos. Incluso su modo de vestir ha cambiado, se ha vuelto más de moda y llamativo con su ropa. Ha comenzado a peinarse hacia delante para ocultar su calvicie. Sencillamente no puedo comprender qué le pasó repentinamente a mi esposo".

Este hombre obviamente ha experimentado los cambios que hemos descrito, pero su problema *básico* es espiritual. Por lo tanto, al desintegrarse su sistema de creencias, su compromiso con los principios bíblicos que estaban relacionados con dicho sistema se debilitó. La monogamia, la fidelidad, la vida después de la muerte, la abnegación, el testimonio cristiano, la honradez básica, y muchos otros componentes de su antigua fe, repentinamente perdieron su valor. El resultado fue un cambio rápido y catastrófico en su estilo de vida, que dejó a su familia y a sus amigos en un estado de confusión y conmoción. Este patrón ha ocurrido en miles de familias en años recientes.

¿ **Tengo 29 años y quiero evitar la crisis de la edad madura, si es posible. ¿Qué es lo que causa este período de trauma, y cómo puedo evitarlo?**

Estoy firmemente convencido de que la crisis de la edad madura es resultado de lo que la Biblia llama "edificar la casa sobre la arena". Es posible ser un seguidor de Jesucristo y aceptar su perdón de los pecados, y no obstante, continuar siendo influenciado por los valores y las actitudes del estilo de vida que lo rodea a uno. Por lo tanto, un joven esposo y padre cristiano puede convertirse en un hombre que está adicto al trabajo, que acumula dinero, que procura ascender en la escala social, que adora la juventud y que ama el placer. Estas tendencias quizá no reflejen sus decisiones y deseos conscientes; simplemente reflejan la marca de los valores de nuestra sociedad incrédula en la vida de él.

A pesar de sus actitudes que no son cristianas, este hombre quizá aparente tener en orden su vida durante los primeros 15 años de adulto, especialmente si tiene éxito en los negocios que emprende. Pero se encuentra en un peligro tremendo. Cada vez que edificamos nuestras vidas sobre valores y principios que contradicen la sabiduría de la Palabra de Dios, estamos edificando sobre la arena. Tarde o temprano, va a rugir la tempestad y la estructura que hemos construido con tanto esfuerzo se derrumbará con gran estrépito.

Dicho de manera breve, probablemente la crisis de la edad madura será más fuerte para las personas cuyos valores reflejan las perspectivas temporales de este mundo. Por ejemplo, un hombre no lamenta la pérdida de su juventud si sinceramente cree que su vida es solamente una preparación para una mejor después de ésta. Y Dios no llega a ser el enemigo del hombre que ha andado y conversado con él en comunión diaria y en amor. Y la relación entre un hombre y su esposa sufrirá menos tensión durante los años maduros si han protegido y mantenido su amistad desde que eran recién casados. En pocas palabras, la crisis representa un día de rendir cuentas por los valores equivocados, las metas indignas y las actitudes que no toman en cuenta a Dios.

Quizás esto explica mi observación de que la mayoría de los hombres que sufren todas las molestias de la crisis de la edad madura han estado adictos al trabajo por mucho tiempo. Han construido sus formidables castillos sobre la arena del materialismo, dependiendo del dinero, de la posición social y del éxito, para satisfacer todas sus necesidades. No dedicaron tiempo a la esposa, los hijos, los amigos ni a Dios. ¡Se esforzaron! ¡Se obligaron! ¡Se apuraron! ¡Hicieron maquinaciones! ¡Invirtieron! ¡Se prepararon! ¡Anticiparon! ¡Trabajaron! Catorce horas diarias de trabajo fueron seguidas por fines de semana en la oficina, vacaciones canceladas, y más trabajo hasta altas horas de la noche. Entonces, después de 20 años de esta existencia torcida, de repente tienen buen motivo para poner todo en duda. "¿Es esto lo que realmente quiero hacer con mi vida?", se preguntan. Se dan cuenta, demasiado tarde, que han estado subiendo frenéticamente por la escalera del éxito sólo para descubrir que la misma se encontraba apoyada en la pared equivocada.

¿ **Usted casi me está describiendo a mí, palabra por palabra. ¿Voy a sentirme siempre tan deprimido y desdichado?**

No. La crisis de la edad madura tiene un comienzo y un fin que se pueden predecir. Es útil que al llegar a este punto hagamos una comparación entre esta crisis y la adolescencia: ambos períodos son de corta duración, de tiempos de transición relacionados con la edad; que producen ansiedad intensa, desconfianza en sí mismo, introspección, e inquietud. Sin embargo, felizmente, ni la adolescencia ni la crisis de la edad madura representan trampas permanentes que mantienen cautivas a sus víctimas. Más bien, se pueden considerar como puertas por las que todos tenemos que entrar y salir. Lo que estoy diciendo es que *la normalidad va a regresar* (a menos que, en un intento desesperado de enfrentarse a la situación, usted cometa algunos errores que causen trastornos).

Voy a hacer un último comentario que es muy importante para el hombre que, sin ninguna duda, es un adicto al trabajo: Yo he examinado con mucha atención este estilo de vida agotador y lo encuentro *inaceptable*. A la edad de 43 años (hubiera cumplido 44, pero estuve enfermo un año), he estado pensando acerca de las etapas de mi existencia terrenal y lo que van a representar cuando lleguen a su fin. Hubo un tiempo cuando mis amigos se estaban preparando para entrar a universidades a lo largo de todo el país. Luego, pasé por una etapa cuando parecía que todo el mundo se estaba casando. Pocos años después, empezamos a recibir cartas que nos decían de los bebés que estaban naciendo. ¿Ve usted?, mi generación está marchando a través de las décadas de una manera lenta pero implacable, como lo han hecho 2400 generaciones que la han precedido. Ahora me doy cuenta de que pronto vendrá el tiempo cuando poco a poco mis amigos se irán muriendo.

Mi tía, Naomi Dobson me escribió poco antes de su muerte en 1978. Dijo: "Me parece que todos los días otro de mis amigos íntimos muere o es afligido con una terrible enfermedad". Obviamente, ella estaba en la última fase de su generación. Ahora, ella también ha muerto.

¿Qué tiene esto que ver con mi vida hoy? ¿Qué tiene que ver con la vida de usted? Estoy sugiriendo que nos detengamos y consideremos la brevedad de nuestros años en la tierra, quizás así encontraremos una nueva motivación para preservar los valores que habrán de perdurar. ¿Qué necesidad hay de que trabajemos hasta llegar a morir prematuramente, dejando pasar los momentos preciosos que podríamos disfrutar con nuestros seres amados que anhelan nuestro afecto y atención? Esta es una pregunta que todos los hombres y mujeres debieran considerar.

Permítame ofrecer esta última palabra de aliento a los que están decididos a aminorar el paso: una vez que se quiten tantas presiones, se preguntarán por qué se esforzaron tanto por tantos años. *¡Hay una manera mejor!*

7

La sexualidad de los adultos

¿ **¿Por qué algunos hombres y mujeres son menos sensuales que otros?**

Las actitudes de los adultos hacia las relaciones sexuales son condicionadas, en gran parte, durante la niñez y la adolescencia. Es sorprendente observar cuántas personas, que por otra parte están bien ajustadas, todavía piensan del sexo en el matrimonio como algo que es indecente, propio de los animales, o malo. A la persona que durante los años de su desarrollo le enseñaron una manera desequilibrada y negativa de ver el sexo, le puede resultar imposible, en la noche de la boda, librarse de estas inhibiciones, que han sido formadas con mucho cuidado. La ceremonia del matrimonio simplemente no es suficiente para cambiar la actitud que uno tenga de: "No lo hagas" a una de: "Hazlo, ¡de manera regular y con gran pasión!" Ese cambio mental no se logra fácilmente.

Pero debo enfatizar otro factor: No todas las diferencias en la intensidad del impulso sexual pueden atribuirse a los errores en la instrucción durante el tiempo de la niñez. Los seres humanos somos diferentes, en prácticamente cada característica. Nuestros pies son de distinto tamaño, nuestros dientes tienen una forma que no es igual a la de otros, unas personas comen más que otras, y otras son más altas que las demás. No somos criaturas iguales. De acuerdo con esto, somos diferentes también en cuanto al apetito sexual. Nuestras "computadoras" intelectuales claramente están programadas de manera distinta a través del proceso de la herencia genética. Algunos de nosotros tenemos "hambre y sed" de nuestra sexualidad, mientras que otros la toman de una manera mucho más casual. Teniendo en cuenta esta variedad, deberíamos aprender a aceptarnos a nosotros mismos sexualmente, así como física y emocionalmente. Esto no significa que no debamos intentar mejorar la calidad de nuestras vidas sexuales, sino que debemos dejar de luchar por lograr lo imposible, tratando de hacer estallar una bomba atómica con un pequeño fósforo.

Lo único que en realidad tiene importancia es que el marido y la mujer se satisfagan el uno al otro. Si esto se logra, lo que la sociedad piensa que es "la norma", no tiene ningún valor. El sexo ha llegado a ser un monstruo de las estadísticas. "La pareja normal tiene relaciones sexuales tres veces a la semana. ¡Oh no! ¿Qué nos pasa a nosotros? ¿Somos sexualmente fríos?" Un esposo se preocupa de que sus genitales sean del tamaño "normal", mientras que su esposa piensa que sus senos son insuficientes. Nos encontramos oprimidos por la nueva "libertad sexual", que nos ha hecho sus prisioneros, y por eso quiero proponer algo: que mantengamos al sexo en el lugar que le corresponde; seguro que es importante, pero debería estar a nuestro servicio, en vez de que nosotros estemos al servicio de él.

¿ Mi esposa tiene muy poco deseo sexual, a pesar de que nos amamos y pasamos mucho tiempo juntos. Ella dice que su falta de deseo sexual la deprime mucho, y ahora está en tratamiento para ayudarla a enfrentarse a este problema. Quiero comprender mejor lo que ella está sintiendo. ¿Puede ayudarme usted?

Sin duda, su esposa está muy consciente de la explosión erótica que está ardiendo por todas partes en nuestra sociedad. Mientras que su abuelita pudo haber guardado silencio acerca de sus inhibiciones privadas, protegiéndose detrás de la idea de que hablar de esas cosas con otras personas era inadecuado, a la mujer de hoy, que es sexualmente indiferente, le es recordada su incapacidad a cada momento. La radio, la televisión, los libros, las revistas y el cine le hacen pensar que toda la raza humana se sumerge cada noche en orgías de éxtasis sexual. Fácilmente una esposa inhibida puede tener la idea de que el resto de la sociedad vive en la Vía de la Vitalidad Sexual, dentro del hermoso Parque de la Pasión, mientras que ella habita en la solitaria Calle Cohibida. Este énfasis sin paralelo, que le es dado a la actividad sexual, crea presiones emocionales enormes. ¡Qué aterrador es el sentirse desprovisto de impulso sexual en una época de sensualidad universal!

Los fracasos sexuales, que dejan a ambos cónyuges frustrados e insatisfechos, tienen la tendencia a seguir sucediendo todo el tiempo. A menos que cada orgasmo esté acompañado de una enorme excitación, el temor del fracaso comienza a atormentarles en cuerpo y alma. Probablemente, cada experiencia decepcionante estorbará la capacidad de ellos para relajarse y disfrutar de la próxima ocasión, lo cual pone más estrés en todas las ocasiones subsecuentes. Es fácil ver cómo este continuo estado de ansiedad, puede destruir cualquier pequeño deseo que pudiera haber existido al principio. Luego, cuando finalmente el sexo pierde su atracción, grandes emociones se abalanzan sobre la esposa que no corresponde sexualmente a su marido. Por lo general, la mujer que no encuentra placer en las relaciones sexuales se considera una fracasada como esposa; teme que quizá no va a poder "retener" a su marido, al cual se le presentan muchas oportunidades de conocer a otras mujeres que quizá son atractivas y coquetas. Ella experimenta un enorme sentimiento de culpabilidad por su incapacidad para corresponderle, y de manera inevitable su autoestima recibe un golpe tremendo durante el proceso.

Al entender esto, debería ser evidente lo que como esposo usted puede hacer para reducir la ansiedad que ella está sintiendo, y restaurar su confianza.

¿ **Usted ha declarado que el no comprender la individualidad sexual, puede producir un estado continuo de frustración y culpabilidad en el matrimonio. ¿Quiere explicar esto más detenidamente?**

Incluso cuando el amor genuino es evidente, las emociones femeninas son muy importantes en cuanto a la reacción sexual. A menos que la mujer sienta cierta intimidad hacia su marido, a menos que ella crea que él la respeta como persona, es posible que no pueda disfrutar de la relación sexual con él. Por el contrario, un hombre puede llegar a casa de mal humor, pasarse horas trabajando como un esclavo en su escritorio o en su garaje, mirar en la televisión el último programa de noticias de la noche, en completo silencio, y finalmente meterse en la cama de un salto para tener un breve tiempo de diversión nocturna. El hecho de que él y su esposa no han compartido ningún momento de ternura en toda la noche, no impide el deseo sexual de él de una manera significativa. La ve viniendo hacia la cama, con su camisón apretado, y eso es suficiente para encenderle el interruptor. Pero su esposa no se siente excitada con tanta facilidad. Todo el día estuvo esperando que él viniera del trabajo, y cuando llegó casi sin saludarla, se sintió decepcionada y rechazada. Su continua frialdad y falta de interés impidieron por completo los deseos sexuales de ella. Por eso, quizás a ella le resulte imposible corresponderle a él más tarde esa noche.

Permítame agregar algo más, cuando una mujer tiene relaciones sexuales en ausencia de la intimidad romántica, se siente utilizada como una prostituta. En lugar de participar en un intercambio mutuamente excitante entre amantes, ella siente que él la está utilizando para su propio beneficio. En cierto sentido, su esposo ha hecho uso del cuerpo de ella para obtener satisfacción. Así que, puede ser que ella haga una de dos cosas: que lo rechace, o que ceda a él de mala gana y resentida. Creo que la incapacidad para explicar esta frustración es una fuente continua de inquietud en la mujer.

Si sólo me fuera posible comunicar un mensaje a cada familia, mencionaría de modo especial la importancia del amor romántico en todos los aspectos de la existencia femenina. Contribuye a su buen concepto de sí misma, su alegría de vivir, y su interés sexual. Por lo tanto, la enorme cantidad de hombres que forman parte de matrimonios cansados y aburridos, y que se encuentran fuera del dormitorio sin llave para abrir la puerta, deberían saber cuál es posiblemente la causa del problema. El amor verdadero puede derretir un témpano de hielo.

¿ **Encuentro que me distraigo fácilmente durante los momentos de relaciones íntimas, especialmente por el temor de que los niños nos oigan. No parece que esto preocupa a mi marido en lo más mínimo. ¿Estoy siendo una tonta por preocuparme por estas cosas?**

Su problema es muy común entre las mujeres, las cuales por lo general se distraen con más facilidad que los hombres; también ellas están más conscientes que sus esposos de la "geografía" del sexo, las técnicas de las relaciones sexuales, y los ruidos y olores. Muchas veces, el estar a solas es también más importante para las mujeres.

Otro factor bastante común, según las preocupaciones que se expresan en las sesiones de asesoramiento, que hace que las mujeres se sientan cohibidas, es la falta de limpieza de sus maridos. Puede ser que un obrero sea estimulado sexualmente por algo que vio o leyó durante el día, lo cual le hace desear tener relaciones sexuales con su esposa inmediatamente al llegar a casa del trabajo. Quizás esté sudoroso y sucio, tenga un olor desagradable en su cuerpo y además necesite lavarse los dientes. No sólo sus uñas están sucias, sino que sus manos ásperas irritan la delicada piel de su esposa. Obstáculos como estos pueden paralizar a una mujer sexualmente, y hacer que su esposo se sienta rechazado y enojado.

La espontaneidad tiene su lugar en el lecho matrimonial, pero muchas veces el "acto sexual súbito" tiene por resultado el "fracaso súbito" para la mujer menos apasionada. Creo que, por lo general, las relaciones sexuales debieran ser planeadas, preparadas y esperadas con anticipación. Para el hombre que ha estado insatisfecho con su reciente vida sexual, sugiero que haga reservación en un hotel para una noche determinada, pero que no le diga a nadie acerca de sus planes. Una vez que haya hecho arreglos para el cuidado de los hijos, debe invitar a su esposa a cenar afuera. Después que hayan comido una buena cena, debiera manejar el auto en dirección al hotel sin pasar a la casa ni anunciar sus intenciones. El elemento de sorpresa y excitación debería ser mantenido hasta el último momento. Una vez que se encuentren dentro del cuarto del hotel (donde pudieran haber flores esperando), las hormonas de cada uno de ellos dispondrán el resto de las instrucciones. Lo que quiero hacer ver es que la excitación sexual requiere un poco de creatividad, sobre todo en casos de una relación "aburrida". Por ejemplo, la idea común de que los hombres son esencialmente activos y las mujeres son esencialmente pasivas, en el sentido sexual, es ridícula; la libertad de expresar pasión espontáneamente es vital para poder disfrutar las relaciones sexuales. Cuando se tienen las relaciones sexuales en el mismo dormitorio de siempre, en la misma posición de siempre y rodeado de las mismas cuatro paredes, *tienen* que convertirse en algo bastante rutinario después de tantos años. Y las relaciones sexuales rutinarias son, por lo general, relaciones sexuales aburridas.

¿ **Mi esposo y yo nunca nos acostamos hasta casi la media noche, y para entonces estoy muy cansada, y en realidad me es imposible disfrutar de nuestras relaciones sexuales. ¿Hay algo en mí fuera de lo común, o que**

no está bien, por ser incapaz de reaccionar sexualmente de una manera correcta, cuando se presenta la oportunidad?

No hay nada fuera de lo común acerca de su situación. El agotamiento físico representa una parte importante en la incapacidad de muchas mujeres para corresponder sexualmente de una manera adecuada, y usted es una de ellas. Después que una madre ha estado luchando durante un día de 18 horas, especialmente si ha estado corriendo detrás de un niño pequeño, o de dos, que son difíciles de controlar, su fuego interno quizá se apague del todo. Cuando al fin cae en la cama, el acto sexual representa una obligación, en vez de un placer. Es lo último en la lista de "cosas para hacer" ese día. Las relaciones sexuales que tienen importancia, emplean enormes cantidades de energía física, y son estorbadas en una forma considerable cuando esos recursos han sido agotados. No obstante, se acostumbra incluir el acto sexual en el horario, como el último acontecimiento de la noche.

Si las relaciones sexuales son importantes en el matrimonio, y todos sabemos que lo son, entonces se debería reservar un momento especial para su expresión. Las actividades del día debieran terminar temprano en la noche, para que los esposos puedan acostarse antes que se agoten por causa de interminables tareas y responsabilidades. Recuerde esto: *cualquier* cosa que sea puesta al final de la lista de sus prioridades, probablemente será hecha de una manera inadecuada. Muchos matrimonios están perdiendo el interés en las relaciones sexuales por haberlas puesto en último lugar.

Es posible que usted haya oído hablar de un libro muy conocido, escrito por el doctor David Reuben, titulado: *What You've Always Wanted to Know about Sex but Were Afraid to Ask* [*Lo que usted siempre quería saber acerca del sexo pero tenía miedo de preguntar*]. Pero después de considerar las frecuentes restricciones, causadas por un completo agotamiento, creo que el doctor Reuben debió haber titulado su libro: *Lo que usted siempre quería saber acerca del sexo pero estaba demasiado cansado para preguntar.*

¿ **Mi esposo y yo nunca hablamos del tema del sexo, y esto me hace sentir muy frustrada. ¿Es esto un problema común en el matrimonio?**

Lo es, especialmente para aquellos que tienen dificultades sexuales. Y el que las puertas de la comunicación se mantengan abiertas es todavía más importante para el matrimonio que está teniendo problemas con el sexo. Cuando las relaciones sexuales han estado desprovistas de entusiasmo, y la ansiedad ha estado acumulándose continuamente, la tendencia es eliminar el tema por completo de la conversación diaria. Ninguno de los dos sabe qué debe hacer y, en silencio, se ponen de acuerdo en dejarlo a un lado. Ni siquiera hablan durante las relaciones sexuales.

Una mujer me escribió recientemente diciendo que su vida sexual con su esposo parecía una "película silenciosa". Nunca se decía ni una palabra.

Parece increíble que un esposo y una esposa, que se sienten cohibidos, puedan tener relaciones sexuales varias veces a la semana por un período de años sin que jamás expresen uno al otro sus sentimientos o frustraciones en cuanto a este importante aspecto de sus vidas. Cuando esto sucede, el efecto es como si uno agarrara una botella de Coca-Cola caliente y la agitara hasta que su contenido estuviera a punto de hacerla explotar. Recuerde esta ley sicológica: todo pensamiento o condición que produzca ansiedad, y que no pueda expresarse, es casi seguro que habrá de generar presión o tensión interna. Mientras más difícil es hablar del tema, mayor es la presión que la persona mantiene en su interior. Y, como ya he explicado, el silencio causado por la ansiedad conduce a la destrucción del deseo sexual.

Además, cuando la conversación sobre el tema del sexo está prohibida, las relaciones sexuales se rodean de la atmósfera de una "actuación", con cada uno de los dos sintiéndose críticamente evaluado por el otro. Para quitar estas barreras de la comunicación, el esposo debe tomar la iniciativa en ayudar a su esposa a expresar sus sentimientos, sus temores y sus deseos. Deben hablar de las formas y técnicas que los estimulan —y de las que no lo hacen así. Deben enfrentarse con sus problemas como adultos maduros... con calma y confianza. Hay algo mágico que se puede encontrar en esta clase de conversación; las tensiones y las ansiedades disminuyen cuando son expresadas con palabras. A todos los hombres les digo: "Hagan la prueba".

¿Diría usted que la *mayoría* de los problemas matrimoniales son causados por las dificultades sexuales?

No, más bien sería más acertado todo lo contrario. La mayoría de los problemas sexuales son causados por dificultades matrimoniales. O dicho de otra manera: los conflictos matrimoniales que ocurren *en la cama* generalmente son causados por conflictos matrimoniales que ocurren *fuera de la cama*.

Muy raras veces mi esposa experimenta orgasmos, y no obstante, ella dice que disfruta de nuestra relación sexual. ¿Es esto posible?

Muchas esposas, como la de usted, pueden participar completamente en las relaciones sexuales, y sentirse satisfechas al terminar, aunque no experimenten un clímax de éxtasis y convulsiones. (Otras mujeres, que son más sensuales, se sienten frustradas si la tensión y la congestión vascular no son descargadas.) Lo importante es que el esposo no *exija* que la esposa experimente orgasmos, y desde luego no debe insistir en que los de ella ocurran simultáneamente con los de él. Hacer esto es pedir algo que es imposible, y coloca a la mujer en un conflicto que no se puede resolver. Cuando el esposo insiste en que el orgasmo de su esposa debe ser parte del placer que él experimenta, sólo hay tres cosas que ella puede hacer: (1) puede perder por completo el interés en tener relaciones sexuales, como sucede con cualquier actividad en la que uno fracasa constantemente; (2) puede intentar, intentar, intentar, y luego llorar; o, (3) puede "fingirlo". Una vez que la mujer comienza a hacerle creer al marido que en la cama está sucediendo lo que no sucede, no hay manera de que pueda parar. Para siempre, desde ese momento en adelante, tendrá que hacerle creer a su esposo que ella está en un largo viaje de placer, cuando realmente su auto ni siquiera ha salido del garaje.

Una clave importante para una vida sexual que satisface es aceptarla como viene, y disfrutarla tal y como es. El tratar de cumplir con algunas reglas arbitrarias, o de adaptarse a lo que otros dicen, es un camino que con toda seguridad conduce a la frustración.

¿ **Usted ha dicho en uno de sus programas que la revolución sexual ha tenido por resultado un mayor índice de ciertos problemas físicos. ¿Podría dar una explicación más detallada?**

En esa ocasión, estaba hablando con mi invitado, el ahora difunto doctor David Hernández, quien era un ginecólogo y obstetra en la facultad de medicina de la Universidad del Sur de California. Él notó un aumento en la presencia de los trastornos que son conocidos como "puntos débiles" para las presiones emocionales: trastornos gastrointestinales, jaquecas, alta presión de la sangre, colitis y la fatiga general. El doctor Hernández creía, y yo estoy de acuerdo, que estos problemas de salud son más frecuentes entre los que se esfuerzan por superar su mediocridad sexual, es decir, los que actualmente se encuentran bajo una presión intensa para "hacerlo bien" en la cama. La tensión y la ansiedad que sienten por causa de sus insuficiencias durante el orgasmo, en realidad afectan su salud física de un modo adverso.

A propósito, el doctor Hernández comentó además que muchos hombres y mujeres tienen relaciones sexuales por razones que están fuera del propósito de Dios. Algunos de esos motivos ilícitos, que él enumeró, son:

1. A menudo, el acto sexual se realiza como una obligación matrimonial.

2. A veces, es ofrecido como pago o para obtener un favor.

3. En ocasiones el sexo representa una conquista o victoria.

4. Es un sustituto de la comunicación verbal.

5. Se utiliza para superar sentimientos de inferioridad (especialmente por los hombres que buscan pruebas de su masculinidad).

6. Algunos lo usan como una incitación para el amor emocional (especialmente las mujeres que utilizan sus cuerpos para obtener atención masculina).

7. Es una defensa en contra de la ansiedad y la tensión.

8. Algunos lo ofrecen, o se niegan a concederlo, con el fin de manipular a su compañero, o compañera.

9. Las personas entablan relaciones sexuales con el propósito de jactarse delante de otros.

Estas razones para participar en el acto sexual, desprovistas de amor, le quitan su placer y significado, y lo reducen a un juego social vacío y decepcionante. Por supuesto, las relaciones sexuales en el matrimonio deben causar placer, pero también deben proveer un método de comunicar un profundo compromiso espiritual. Por lo general, las mujeres son más sensibles a esta necesidad.

¿ **Usted ha dicho que la revolución sexual tiene el poder de destruirnos como pueblo. ¿En qué evidencia basa usted esa suposición?**

La humanidad ha sabido por intuición, desde hace por lo menos 50 siglos, que la actividad sexual indiscriminada representa una amenaza tanto para la sobrevivencia individual como para la comunidad. La sabiduría de esos años se ha documentado bien. El antropólogo J. D. Unwin llevó a cabo un estudio exhaustivo sobre las 88 civilizaciones que han existido durante la historia del mundo. Cada cultura ha reflejado un ciclo similar de vida, empezando con un código estricto para la conducta sexual y terminando con la exigencia de total "libertad" para expresar la pasión individual. Unwin informa que *cada* sociedad que otorgó licencia sexual a su pueblo pronto pereció. No ha habido excepciones.

¿ **¿*Por qué* cree usted que el comportamiento sexual de un pueblo está relacionado con la fuerza y estabilidad de su nación? No entiendo cómo se relacionan estos dos factores.**

¡El sexo y la sobrevivencia están relacionados porque la energía que mantiene unido a un pueblo es de naturaleza sexual! La atracción física entre hombres y mujeres es la causa de que ellos establezcan una familia y se dediquen a su desarrollo, así como a su vez los anima a trabajar y a luchar para asegurar la sobrevivencia de la familia. Esta energía sexual proporciona el ímpetu para criar hijos sanos, y para transferir los valores morales de una generación a otra. Hace que el hombre sienta la urgencia de trabajar cuando preferiría jugar, y que la mujer ahorre cuando preferiría gastar. En pocas palabras, el aspecto sexual de nuestra naturaleza, cuando se expresa exclusivamente dentro de la familia, produce estabilidad y responsabilidad que de otro modo no ocurrirían. Cuando una nación está compuesta de millones de familias fieles y responsables, la sociedad entera es estable, responsable y fuerte.

Por el contrario, el poner en acción la energía sexual de una manera indiscriminada, fuera de los límites de la familia, es potencialmente catastrófico. La misma fuerza que une a un pueblo se convierte entonces en un instrumento para su propia destrucción. Quizás este punto puede ser ilustrado por medio de una analogía entre la energía sexual en el núcleo familiar y la energía física en el núcleo de un diminuto átomo. Los electrones, neutrones y protones son mantenidos en un equilibrio delicado por una fuerza eléctrica dentro de cada átomo. Pero cuando el átomo y sus vecinos son divididos en fisión nuclear (como en una bomba atómica), la energía que había provisto la estabilidad interna es puesta en acción con un poder destructivo increíble. Hay muchas razones para creer que esta comparación entre el núcleo del átomo y el núcleo familiar es algo más que una casualidad.

¿Quién puede negar que una sociedad se debilita seriamente cuando el intenso deseo sexual entre hombres y mujeres se convierte en un instrumento de sospecha y de intriga en millones de familias... cuando una mujer nunca sabe lo que su esposo está haciendo mientras él está fuera de la casa... cuando un esposo no puede confiar en su mujer si la deja sola... cuando la mitad de las novias se presentan embarazadas ante el altar... cuando cada uno de los recién casados se ha acostado con muchos otros, habiéndose perdido así la belleza exclusiva del lecho matrimonial... cuando todos hacen lo que quieren, particularmente lo que les trae gratificación sensual inmediata? Lamentablemente, la víctima que es más afectada por una sociedad inmoral como la que he descrito es el niño pequeño, que es vulnerable, y que escucha a sus padres gritando y discutiendo; las tensiones y frustraciones que experimentan ellos, invaden su mundo, y la inestabilidad del hogar deja feas cicatrices en su mente infantil. Después, ve cómo sus padres se separan enojados, y tiene que decirle "adiós" al padre que necesita y ama. O quizá debiéramos hablar de los miles de bebés que cada año nacen de madres adolescentes solteras, muchos de los cuales jamás conocerán un hogar acogedor en el que se les imparta la crianza adecuada. Tal vez debiéramos analizar el azote desenfrenado de las enfermedades venéreas que han llegado a proporciones de epidemia entre la juventud. Esta es la repugnante realidad de la revolución sexual, y estoy harto de oír cómo hablan de ella de un modo romántico y la glorifican. Dios ha prohibido claramente la conducta sexual irresponsable, no para privarnos de un placer, sino para evitarnos las terribles consecuencias de este corrompido estilo de vida. Los individuos, y las naciones, que escogen desobedecer sus mandamientos sobre esto, pagarán un precio muy alto por su insensatez.

¿ **¿Es común que los hombres casados sientan el** *deseo* **de tener relaciones sexuales fuera del matrimonio, incluso aquellos que nunca serían infieles a sus esposas?**

En una ocasión le hicieron la siguiente pregunta al doctor Robert Whitehurst, de la Universidad de Windsor, Ontario en Canadá: "¿Tienen la mayoría de los hombres, en un momento u otro, el deseo de tener relaciones íntimas fuera del matrimonio?" Su respuesta, publicada en la revista *Sexual Behavior [Comportamiento sexual]*, incluyó los siguientes comentarios:

"Todos los hombres, desde el primer día de su matrimonio en adelante, piensan en esta posibilidad. Aunque estas tendencias hacia la actividad sexual extramatrimonial disminuyen en los últimos años de la edad madura y después de ella, nunca desaparecen por completo en los hombres normales".

Estas declaraciones dejan poco lugar para excepciones, pero me inclino a estar de acuerdo con sus conclusiones. La atracción de la infidelidad tiene un poder increíble para influir en la conducta del ser humano. Incluso los hombres que son cristianos consagrados, y que están dedicados a sus esposas, tienen que enfrentarse con la misma clase de tentaciones sexuales. Sin embargo, en términos inconfundibles, el apóstol San Pedro escribió lo siguiente sobre las personas que ceden a estas presiones: "Tienen los ojos llenos de adulterio, no se sacian de pecar, seducen a las almas inconstantes, tienen el corazón habituado a la codicia, y son hijos de maldición. *Han dejado el camino recto*, y se han extraviado siguiendo el camino de Balaam hijo de Beor, el cual amó el premio de la maldad" (2 Pedro 2:14-15, énfasis agregado).

¿ **Si hemos de creer las estadísticas que leemos hoy en día, la infidelidad se ha convertido en algo muy común en nuestra civilización. ¿Por qué lo hace la gente?**

¿Cuál es el motivo *principal* de que un marido o una esposa "engañe" a su cónyuge, incluso a riesgo de que el hogar y la familia sean destruidos por una aventura ilícita?

Por supuesto, cada situación es diferente, pero yo he observado que la influencia más poderosa emana de las *necesidades del ego*. Tanto los hombres como las mujeres parecen igualmente vulnerables a este intenso deseo de ser admirados y respetados por los miembros del sexo opuesto. Por lo tanto, muchas veces los que se enredan en una aventura amorosa lo hacen porque quieren probar que todavía son atractivos a las mujeres, y las mujeres a los hombres. La emoción se produce al saber que "alguien me encuentra atractivo, o inteligente, o bonita, o bien parecido. A esa persona le encanta escucharme hablar, o le gusta mi manera de pensar, o me encuentra excitante". Estos sentimientos emanan del mismo corazón de la personalidad, o sea: del ego, y los mismos pueden hacer que un hombre o una mujer que está en su sano juicio, se comporte de una forma insensata y deshonesta.

Esto me recuerda el capítulo siete de Proverbios, donde el rey Salomón advierte a los jóvenes que no tengan relaciones íntimas con prostitutas. Estas son sus palabras:

Miraba yo por la ventana de mi casa cierto día, cuando vi a un cándido joven, a un joven sin seso que al anochecer se dirigía por la calle a donde estaba su descocada compañera, una ramera. Ella se le acercó, alegre y descarada, vestida provocativamente. Era una de esas desvergonzadas y vulgares que suelen verse en las calles y plazas buscando amantes en todas las esquinas.

Le echó los brazos al cuello, lo besó, y mirándolo impúdicamente le dijo: "¡Ya no estoy enojada contigo! ¡Estaba precisamente por ir a buscarte, y tú llegas! Tengo la cama tendida con hermosas sábanas de color del mejor lino importado de Egipto, perfumadas con

mirra, áloe y canela. Vamos, saciémonos de amor hasta que amanezca, pues mi esposo anda en un largo viaje; se llevó la billetera llena de dinero, y no regresará en varios días".
Así lo sedujo, con sus mimos y zalamerías, hasta que él se le entregó. No pudo resistir a las lisonjas de ella. La siguió como buey tras el carnicero, o como siervo atrapado, en espera de la flecha que le traspase el corazón. Era como el pájaro que va derecho al lazo, sin saber lo que le espera.
Escúchenme, jóvenes, y obedézcanme. Que sus deseos no se desborden; no te des a pensar en ella. No te acerques; mantente lejos de los sitios que ella frecuenta, no sea que te tiente y seduzca. Ella ha sido la ruina de muchísimos; una legión de hombres han sido sus víctimas. Si lo que buscas es el camino del infierno, ve a casa de ella.

Proverbios 7:6-27
(La Biblia al Día, los énfasis se han agregado.)

La frase principal en la descripción hecha por Salomón, se encuentra en las palabras: "No pudo resistir a las lisonjas de ella". Aunque el motivo sexual era evidente, finalmente él sucumbió ante las necesidades de su ego. ¡Millones han hecho lo mismo!

¿ **¿Qué me dice en cuanto al deseo sexual? Influye de igual manera, junto con las necesidades del ego, en motivar la infidelidad entre hombres y mujeres?**

Es arriesgado hacer generalizaciones, porque la humanidad revela una diversidad muy grande en la sexualidad de una persona a otra. Sin embargo, creo que los hombres infieles típicamente se interesan más en la excitación del acto sexual, y las mujeres se sienten más motivadas por el aspecto emocional. Por eso las mujeres suelen terminar lastimadas en esta clase de encuentro, porque el hombre pierde interés en la relación que existe entre él y su amante, cuando ella deja de estimularlo como antes. Alguien dijo: "Los hombres aman a las mujeres en proporción a lo desconocidas que les son". Aunque la palabra "aman" se usa de una manera inapropiada en ese dicho, hay algo de verdad en su mensaje.

¿ **Usted ha observado a los que se enredan en aventuras amorosas, con el fin de cubrir sus necesidades que no han sido satisfechas. ¿Qué les sucede después? Si averiguásemos lo que les ha pasado unos dos o tres años más tarde, ¿qué sería lo que descubriríamos?**

He observado cuidadosamente a tales personas que han dejado el mundo de la responsabilidad, la "vida recta", y he visto un resultado casi inevitable. Con el tiempo esas personas establecen otra "vida recta". El césped es más verde al otro lado de la cerca, pero todavía tiene que ser cortado. Más tarde o más temprano, el placer del amorío ilícito se termina. Las personas se encuentran de nuevo en la rutina del trabajo diario. Y el maravilloso sentimiento romántico no puede durar para siempre. En realidad, el nuevo amor llega a ser bastante común, tal y como sucedía con el marido o la mujer anterior. La atención se concentra en las faltas de él o ella, y la pareja tiene su primera pelea. Eso hace disminuir la emoción romántica. Y de manera gradual la relación sexual pierde su placer excitante, porque ya dejó de ser algo nuevo. Existen ocasiones en las cuales se llega a perder todo el interés. Pero lo más importante es que con el tiempo el hombre y la mujer sólo piensan en ganarse la vida, en cocinar, en limpiar la casa, y en pagar las deudas; permitiendo que sus necesidades personales se acumulen como antes. Después que las emociones habían subido en un vuelo hasta la luna, están destinadas a regresar a la tierra una vez más.

¿Qué es lo que hace entonces nuestra pareja amorosa, cuando llega a la conclusión, por segunda vez, de que la vida recta se ha convertido en una carga demasiado pesada? Conozco a hombres y a mujeres, y también usted conoce algunos, que han saltado de una vida recta a otra, buscando en vano el prolongar el placer y la satisfacción sexual y personal. Y al hacer esto, dejan a lo largo de su camino a los que fueron sus maridos o mujeres, sintiéndose rechazados y amargados, y faltos de amor. Y traen al mundo hijos pequeños que anhelan el cariño de un padre o una madre... sin nunca encontrarlo. Todo lo que dejan atrás, en su marcha hacia la vejez, es una serie de relaciones rotas, de vidas destrozadas, y de hijos hostiles. Un principio bíblico predice el resultado inevitable: "Entonces la concupiscencia, después que ha concebido, da a luz el pecado; y el pecado, siendo consumado, da a luz la muerte" (Santiago 1:15).

¿ **Doctor en su trabajo como consejero, ¿ha encontrado usted que hasta los que profesan ser cristianos se dejan atrapar por la infidelidad conyugal?**

Pienso que es muy ingenuo el creer que los que se dicen ser cristianos no son afectados por la depravación moral de nuestra época. Aparte del hambre, el impulso más fuerte del ser humano es el apetito sexual. Los cristianos también se ven influenciados por las mismas fuerzas bioquímicas dentro de sus cuerpos como los inconversos. Encuentro que Satanás algunas veces puede usar esta arma en contra de nosotros cuando otras tentaciones no funcionan, porque nuestro deseo sexual se mezcla con nuestra necesidad natural de amor, aceptación, pertenecer a alguien, cuidado y ternura. La trampa está tendida, y muchos cristianos están cayendo en ella, de la misma manera en que caen los que están fuera de la comunidad cristiana.

¿ **Tengo entendido que algunas mujeres no disfrutan las relaciones sexuales a causa de una debilidad de la estructura muscular en la región pélvica. ¿Es verdad eso? ¿Qué se puede hacer?**

El difunto doctor Arnold Kegel, profesor de obstetricia y ginecología en la escuela de medicina de la Universidad del

Sur de California, acumuló bastante evidencia para mostrar que la reacción sexual es inhibida en las mujeres cuyo músculo vaginal era flácido. Él ofreció ejercicios sencillos para fortalecer el músculo, y reportó resultados sorprendentes en mujeres que previamente no habían tenido orgasmos. Obviamente, hay otras causas para las fallas sexuales, pero para las mujeres que están interesadas en aprender más acerca de esta explicación física, les sugiero que lean el libro titulado en inglés: *The Act of Marriage* [El acto matrimonial] por Tim LaHaye (Zondervan).

¿Expresaría usted su opinión sobre el asunto del aborto provocado? ¿Cómo ve usted los asuntos morales en relación con esto, especialmente desde la perspectiva cristiana?

He considerado este asunto desde cada punto de vista y estoy opuesto al aborto provocado de manera absoluta y sin lugar a dudas. Hay muchas consideraciones que me llevaron a esta posición, incluyendo el impacto del aborto en nuestra percepción de la vida humana. Por ejemplo, es interesante notar que una mujer que piensa ponerle fin a su embarazo suele referirse a la vida que está dentro de su cuerpo como "el feto". Sin embargo, si tiene la intención de dar a luz, amar y cuidar a ese pequeño niño, le llama cariñosamente "mi bebé". La necesidad de hacer esta distinción es evidente: Si vamos a matar a un ser humano sin que nos sintamos culpables, primero tenemos que despojarle de su valor y dignidad. Tenemos que darle un nombre clínico que le niegue la posición de persona. Eso se ha logrado de manera tan efectiva en nuestra sociedad que ahora se puede sacrificar a un bebé durante los primeros seis meses de gestación sin que nadie sienta que se ha perdido algo. Habría una protesta pública mucho mayor si estuviéramos destruyendo cachorritos y gatitos que la protesta que hay por más de un millón de abortos que ocurren en Estados Unidos anualmente. El siquiatra Thomas Szasz expresa sus pensamientos sobre la actitud casual con que hemos aceptado estas muertes, escribiendo lo siguiente: "[Los abortos] deberían estar disponibles de la misma manera que, digamos, la cirugía plástica para embellecer la nariz".

Estoy de acuerdo con el doctor Francis Schaeffer en que el cambio en las actitudes legales hacia el aborto acarrea enormes consecuencias para la vida del ser humano en todos los niveles. Si los derechos del niño que todavía no ha nacido pueden sacrificarse, por una reinterpretación del Tribunal Supremo, ¿por qué no podrían promulgarse leyes autorizando que se les quite la vida a otras personas que no son necesarias? Por ejemplo, lo inconveniente y costoso que es cuidar a los retardados mentales, fácilmente podría conducir a la misma justificación social que ha animado a muchos a matar a los niños que aún no han nacido (o sea, ellos serían una molestia costosa si se les permitiera vivir). ¿Y qué tal si nos libramos de los ancianos, que no contribuyen en nada a la sociedad? ¿Y por qué debiéramos permitir que vivan los niños deformes, etcétera? Quizás usted piense que esas posibilidades escalofriantes nunca serán una realidad, pero yo no estoy muy seguro de eso. Ya vivimos en una sociedad donde algunas personas están dispuestas a matar a un bebé que todavía no ha nacido, simplemente porque el examen de amniocentesis muestra que no es del sexo deseado.

Hay muchos otros aspectos de este asunto del aborto que hacen resaltar el mal que es parte inseparable del mismo; pero para mí la evidencia más importante viene de las Escrituras. Por supuesto, la Biblia no habla directamente de la práctica del aborto. Sin embargo, me he quedado asombrado de ver cuántas referencias se hacen, tanto en el Antiguo Testamento como en el Nuevo, al conocimiento personal que Dios tiene de los niños antes de su nacimiento; no sólo está consciente de su desarrollo en el vientre de sus madres, sino que los conoce de manera específica como seres personales únicos e individuales.

Considere los siguientes ejemplos:

1. El ángel Gabriel dijo de Juan el Bautista: "Y será lleno del Espíritu Santo, *aun desde el vientre de su madre*" (Lucas 1:15, énfasis agregado).

2. El profeta Jeremías escribió de sí mismo: "Vino, pues, palabra de Jehová a mí, diciendo: *Antes que te formase en el vientre* te conocí, y antes que nacieses te santifiqué, te di por profeta a las naciones" (Jeremías 1:4-5, énfasis agregado).

   Estos dos individuos no eran de ninguna manera embriones inhumanos antes de su nacimiento. Ya eran conocidos por el Creador, quien les había asignado la obra que realizarían en su vida por decreto divino.

3. En el libro de Génesis dice:

   Y oró Isaac a Jehová por su mujer, que era estéril; y lo aceptó Jehová, y concibió Rebeca su mujer. Y los hijos luchaban dentro de ella; y dijo: Si es así, ¿para qué vivo yo? Y fue a consultar a Jehová; y le respondió Jehová: Dos naciones hay en tu seno, y dos pueblos serán divididos desde tus entrañas; el un pueblo será más fuerte que el otro pueblo, y el mayor servirá al menor".

   Génesis 25:21-23

   De nuevo vemos que Dios conocía las personalidades que se estaban desarrollando en estos gemelos que aún no habían nacido y predijo sus futuros conflictos. El odio mutuo entre sus descendientes sigue siendo evidente en el Medio Oriente.

4. El mismo Señor Jesucristo fue concebido por el Espíritu Santo, lo cual confirma la relación de Dios con Cristo desde el momento en que era una sola célula en el vientre de María. (Vea Mateo 1:18.)

5. Sin embargo, el ejemplo más dramático se encuentra en el Salmo 139. El Rey David da una descripción de su

propia relación prenatal con Dios, que tiene un impacto imponente:

Porque tú formaste mis entrañas; tú me hiciste en el vientre de mi madre. Te alabaré; porque formidables, maravillosas son tus obras; estoy maravillado, y mi alma lo sabe muy bien. No fue encubierto de ti mi cuerpo, bien que en oculto fui formado, y entretejido en lo más profundo de la tierra. Mi embrión vieron tus ojos, y en tu libro estaban escritas todas aquellas cosas que fueron luego formadas, sin faltar una de ellas.

Salmo 139:13-16

Ese pasaje es emocionante para mí, porque sugiere que Dios no sólo había planeado cada día de la vida de David, sino que hizo lo mismo para *mí*. Él estuvo allí cuando *yo* fui formado en total aislamiento, y él personalmente hizo todas las delicadas partes internas de *mi cuerpo. ¡Imagínese eso! El Gran Creador del universo amorosamente supervisó mi desarrollo durante esos días antes de la consciencia dentro del útero*, así como lo hizo para cada ser humano sobre la tierra. ¡Seguramente, quien pueda comprender este concepto sin sentirse animado está emocionalmente muerto!

Desde mi punto de vista, estos pasajes bíblicos refutan de manera absoluta la idea de que los niños que todavía no han nacido no tienen alma y no son personas hasta que nacen. ¡No lo puedo creer! Nada puede justificar el acto de separar a un pequeño ser humano, totalmente sano, de su lugar de seguridad y dejarlo sobre una mesa de porcelana para que se asfixie. Ninguna consideración social o económica puede eliminar nuestra culpa colectiva por destruir esas vidas que estaban siendo formadas a la imagen de Dios. A través de los evangelios, Jesús mostró su ternura hacia los niños y niñas ("Dejad a los niños venir a mí"), y algunas de sus advertencias más temibles fueron dirigidas a los que les hacen daño a los niños.

Estoy firmemente convencido de que Dios no nos considerará inocentes de nuestro cruel infanticidio. Como le dijo a Caín, quien mató a su hermano Abel, nos dirá a nosotros: "La voz de la sangre de tu hermano clama a mí desde la tierra".

Sin duda, otros cristianos han llegado a la misma conclusión. Pero tengo que preguntar: ¿Dónde se encuentran los líderes morales que están de acuerdo conmigo? ¿Por qué algunos pastores y ministros han sido tan tímidos y callados sobre este asunto de vital importancia? Es hora de que la iglesia cristiana se arme de valor y hable a una voz en defensa de los niños aún no nacidos que no pueden suplicar por sus propias vidas.

8

La homosexualidad

 ¿Cuál es la causa de la homosexualidad?

La homosexualidad tiene muchas causas, de la misma forma en que uno puede tener fiebre por diferentes razones. Sin embargo, por lo general, puede decirse que muchas veces la homosexualidad parece ser el resultado de una vida infeliz en el hogar, la cual suele incluir confusión en cuanto a la identidad sexual.

 ¿Cuál es el ambiente más común en el hogar del futuro homosexual?

De nuevo, las condiciones varían de una manera muy grande, y cualquier generalización que se ofrece puede ser contradicha por numerosas excepciones. Pero si existe algo que de manera común es característico, parece que es un hogar en el que la madre es dominante, protege demasiado al hijo y es posesiva, mientras que el padre lo rechaza y lo pone en ridículo. También ocurre lo contrario, en situaciones cuando la madre rechaza a su hijo porque es varón. Existen otros casos en los que la homosexualidad sucede en un hogar que parece ser feliz, donde no se puede observar ninguna deformación evidente en las funciones de los padres. Debo enfatizar que existen muchas suposiciones acerca de los orígenes de esta perversión, pero hasta el momento no tenemos a la disposición ninguna conclusión que sea absoluta.

 ¿Qué pueden hacer los padres para evitar la homosexualidad en sus hijos?

La mejor forma de evitarla es fortaleciendo la vida en el hogar. La homosexualidad puede ocurrir en un hogar amoroso, como he indicado, aunque la posibilidad es menor cuando los padres se encuentran bastante bien adaptados el uno al otro. No creo que es necesario temer a este lamentable acontecimiento, como si fuera una fuerza que no podemos controlar. Si los padres proveen un ambiente en el hogar que sea sano y estable, y no interfieren en la conducta de su hijo, apropiada a su sexo, entonces es muy difícil que la homosexualidad ocurra entre los jóvenes.

 ¿Cuál debiera ser nuestra actitud, como cristianos, hacia la homosexualidad?

Yo creo que nuestra obligación es aborrecer el pecado pero amar al pecador. Muchos hombres y mujeres, que experimentan pasiones homosexuales, no han buscado ese estilo de vida; ha ocurrido por razones que no pueden recordar ni explicar. Algunos fueron víctimas, a temprana edad, de traumáticos encuentros sexuales con adultos que los explotaban. Recuerdo a un adolescente homosexual cuyo padre borracho lo obligó a dormir con su madre después de una desenfrenada fiesta de fin de año. Su repugnancia hacia las relaciones heterosexuales fue fácil de explicar. Tales individuos necesitan ser aceptados y amados por la comunidad cristiana, mientras se esfuerzan por cambiar la dirección de sus impulsos sexuales.

Sin embargo, yo no puedo justificar la ideología revolucionaria que toma las Escrituras e interpreta la homosexualidad como otro tipo de vida ofrecida a un cristiano. Los escritores de la Biblia, quienes fueron inspirados por Dios, no se habrían referido a la homosexualidad con tanta repugnancia si ésta no fuera una perversión ante los ojos de Dios. Cuando esta perversión es mencionada en el Nuevo Testamento, siempre se le clasifica con los pecados más horrendos. Por ejemplo, Pablo escribe en 1 Corintios 6:9-10:

¿No sabéis que los injustos no heredarán el reino de Dios? No erréis; ni los fornicarios, ni los idólatras, ni los adúlteros, ni los afeminados, ni los que se echan con varones, ni los ladrones, ni los avaros, ni los borrachos, ni los maldicientes, ni los estafadores, heredarán el reino de Dios.

Romanos 1:26-27 describe la actitud de Dios hacia la homosexualidad en términos inequívocos:

Por esto Dios los entregó a pasiones vergonzosas; pues aun sus mujeres cambiaron el uso natural por el que es contra naturaleza, y de igual modo también los hombres, dejando el uso natural de la mujer, se encendieron en su lascivia unos con otros, cometiendo hechos vergonzosos hombres con hombres, y recibiendo en sí mismos la retribución debida a su extravío.

¿Cuál es la responsabilidad de la persona que quiere ser un cristiano, pero está luchando con una atracción profundamente arraigada hacia los miembros de su propio sexo?

Si es que entiendo la Biblia correctamente, esa persona está obligada a dominar sus deseos sexuales con la misma medida de control de sí mismo que deben ejercer los adultos solteros que son heterosexuales. En otras palabras, tiene que abstenerse de dar expresión a sus deseos sexuales. Yo sé que es más fácil el hablar de esta autodisciplina que ponerla en práctica, pero en la Biblia se nos ha prometido:

*Fiel es Dios, que no os dejará ser tentados más de lo
que podéis resistir, sino que dará también juntamente
con la tentación la salida, para que podáis soportar.*

1 Corintios 10:13

Segundo, mi recomendación es que este homosexual busque obtener tratamiento de parte de un sicólogo o siquiatra
cristiano que esté igualmente entregado a su profesión y a las
virtudes cristianas. La homosexualidad *puede* ser tratada con
éxito cuando la persona desea que se le ayude, y cuando un
profesional competente está dedicado a esa misma meta.
Algunos de mis colegas me han dicho que más de 70 por ciento
de los casos son "curados" cuando existen estas condiciones. Se
entiende que ser "curado" significa que el individuo llegue a
sentirse cómodo al tener relación con una persona del sexo
opuesto, y que al menos tenga un éxito moderado en ajustarse a
un estilo de vida que no es homosexual.

 **¿Qué es la bisexualidad, y por qué ahora se habla
tanto de ella?**

Una persona bisexual es alguien que participa en actos de
pasión heterosexuales y homosexuales. Desde mediados de
los años 70, la bisexualidad ha sido una novedad entre personas que quieren estar a la última moda y que no tienen
inhibiciones, y es algo que ha recibido una cantidad enorme
de publicidad en la prensa. En la portada de la revista *Cosmo-
polita* se hizo la siguiente pregunta: "¿Es posible para alguien
que no esté loco pensar en la bisexualidad (o llevarla a
cabo)?" En el encabezamiento del artículo decía: "¿Podría
estar preparada *usted* para un encuentro lesbiano? Bueno, un
número sorprendente de mujeres perfectamente 'normales', a
las que les gustan los hombres, lo están". El artículo concluyó
con esta declaración: "Si todos estamos predestinados a ser
bisexuales, o no lo estamos, sigue siendo una pregunta que
todavía no ha sido contestada. Sin embargo, pase lo que

pase en el futuro, he llegado a la conclusión de que, ahora mismo, para las muchas personas que la han probado, la bisexualidad ofrece un estilo de vida que produce satisfacción, y muchas veces, amor". (*Cosmopolitan*, junio de 1974. Usado con permiso.)

La revista *Vogue* publicó un artículo con el mismo mensaje. Alex Comfort, escribió en *More Joy* [Más Placer] prediciendo que la bisexualidad será la norma de moralidad de la clase media dentro de diez años.

Estos "profetas" inmorales me hacen recordar las palabras eternas de otro profeta, llamado Isaías, que escribió en el Antiguo Testamento, diciendo:

> *¡Ay de los que llaman al mal bien y al bien mal, que tienen las tinieblas por luz y la luz por tinieblas, que tienen lo amargo por dulce y lo dulce por amargo!... Por tanto, como consume el rastrojo la lengua de fuego, y la hierba seca cae ante la llama, su raíz como podredumbre se volverá y su flor como polvo será esparcida; porque desecharon la ley del Señor de los ejércitos, y despreciaron la palabra del Santo de Israel.*

Isaías 5:20, 24, (La Biblia de las Américas.)

La moralidad y la inmoralidad no son definidas por las actitudes inconstantes del hombre ni las costumbres sociales. ¡Son determinadas por el Dios del universo, cuyas normas eternas no pueden ser pasadas por alto impunemente!

9

Enfrentándose a la menopausia

¿ Nuestros hijos ya no viven con nosotros, y mi esposo y yo estamos libres para hacer algunos de los viajes que siempre habíamos planeado hacer cuando ellos hubieran terminado su educación universitaria. Pero últimamente me siento demasiado cansada hasta para mantener la casa limpia, y demasiado deprimida para tener interés en planear algo extraordinario. Algunos días, con dificultad puedo levantarme en la mañana. Sólo quiero meter mi cabeza debajo de la almohada y llorar, sin ni siquiera tener ninguna razón para hacerlo. Así que, ¿por qué me siento tan terrible? Mi esposo está tratando de ser paciente, pero esta mañana dijo, refunfuñando: "Tú tienes todo lo que una mujer pudiera desear... ¿por qué tienes que estar triste?" ¿Cree usted que quizá estoy perdiendo la razón?

Yo creo que no es muy probable que usted tenga algo malo con su mente. Por los síntomas que describe parece que usted está entrando a una fase fisiológica que se llama menopausia, y la molestia que usted siente puede ser causada por el desequilibrio hormonal que acompaña al trastorno glandular. Le sugiero que haga una cita para ver a un ginecólogo, dentro de unos pocos días.

 ¿Puede darme una definición simple de la menopausia?

La menopausia es un período de transición en la vida de la mujer, cuando la capacidad reproductiva está llegando a su fin de manera progresiva, y su cuerpo está siendo sometido a muchos cambios químicos y sicológicos asociados con ese paro. La menstruación, que ha ocurrido todos los meses, quizá desde la edad de 11 ó 12 años, ahora cesa, de manera gradual, y ocurren reajustes hormonales. Específicamente, los ovarios producen sólo alrededor de la octava parte del estrógeno que producían antes. Esto afecta no sólo el sistema reproductivo, sino todo el sistema físico y sicológico del cuerpo.

 ¿Se sienten todas las mujeres tan desdichadas como yo, cuando les ocurre la menopausia?

Se calcula que cerca de 85 por ciento de las mujeres pasa por la menopausia sin mayores trastornos en sus vidas diarias. Puede ser que, por un tiempo, experimenten síntomas que las aflijan, pero son capaces de funcionar y enfrentarse a las responsabilidades de la vida. Sin embargo, el 15 por ciento restante experimenta dificultades más serias. Algunas se encuentran inmovilizadas por completo, debido a los cambios químicos que tienen lugar en su interior.

 ¿Cuáles son los síntomas más importantes del desequilibrio hormonal, durante la menopausia?

Haré una lista, pero tengo que advertirle que otros problemas físicos y emocionales también pueden producir las mismas dificultades u otras parecidas. Además, la lista no es completa. La menopausia fisiológica puede manifestarse por medio de distintos síntomas que varían en intensidad.

Síntomas emocionales

1. Depresión extrema, que quizá durará meses sin ningún alivio.

2. Autoestima muy baja, que producirá síntomas de completa falta de valor personal y falta de interés en vivir.

3. Poca paciencia ante las frustraciones, lo cual dará lugar a explosiones de ira y ventilación emocional.

4. Reacciones emocionales inadecuadas, produciendo lágrimas cuando las cosas no son tristes y depresión durante los tiempos relativamente buenos.

5. Poca tolerancia a los ruidos. Incluso el sonido de la radio o las reacciones normales de los niños pueden ser irritantes en extremo. También es común el zumbido en los oídos.

6. Tiene gran necesidad de amor y exige que se le compruebe, y en la ausencia de estas pruebas, quizás acuse a su esposo con sospechas de una rival.

7. Interferencias en sus patrones de dormir.

8. Incapacidad para concentrarse y dificultad para recordar las cosas.

Síntomas físicos

1. Trastornos gastrointestinales, interfiriendo con la digestión y el apetito.

2. Sensación de calor momentáneo en varias partes del cuerpo, que dura unos segundos.

3. Vértigo (mareo).

4. Estreñimiento.

5. Temblores.

6. Hormigueo en las manos y los pies.

7. Sequedad de la piel, especialmente en pequeñas partes específicas, y falta de elasticidad.

8. Sequedad en las membranas mucosas, especialmente en la vagina, haciendo que las relaciones sexuales sean dolorosas o imposibles.

9. Una enorme reducción del deseo sexual.

10. Dolor en varias coyunturas del cuerpo, cambiando de un lugar a otro (neuralgias, mialgias y artralgias).

11. Taquicardias (ritmo cardíaco acelerado) y palpitaciones.

12. Dolores de cabeza.

13. Ojeras. (Este es el síntoma que me parece más útil para el diagnóstico preliminar.)

14. Pérdida de peso.

Cuando una mujer abrumada entra tambaleándose al consultorio de su doctor, con la mayoría de estos síntomas, algunas veces a su condición se le llama burlonamente "el síndrome de todos los males". Ella señala con el dedo a su ceja izquierda y dice: "¡Oh! se me está partiendo la cabeza, los oídos me zumban de una manera rara, me duelen los senos, y el estómago me está matando; además, tengo un dolor terrible en la cintura, me duelen las nalgas y las rodillas me tiemblan". En verdad, se queja de todos los males posibles desde la coronilla hasta la punta de sus pies adoloridos. Un médico me contó, hace poco, que su enfermera estaba tratando de obtener la historia médica de una mujer en esa clase de situación, la cual respondió afirmativamente a toda clase de trastorno posible. La paciente decía haber tenido cada una de las enfermedades, o problemas, que la enfermera mencionó. Por último, muy irritada, la enfermera le preguntó si sentía comezón en los dientes, sólo para ver qué iba a contestar. La mujer frunció el ceño por un momento, luego se pasó la lengua por los dientes, y dijo: "Pensándolo bien, ¡seguro que siento comezón en ellos!" Es posible que una mujer como ésta, que tiene la menopausia, crea que *todo* anda mal en su cuerpo.

¿ **Cuando yo era joven, mi madre me dijo que la menopausia ocurre cuando la mujer tiene unos 45 años. Estoy teniendo algunos de los síntomas que usted ha descrito, pero sólo tengo 37. Sin duda, soy demasiado joven para la menopausia, ¿no lo cree usted así?**

La edad del comienzo de la menopausia varía mucho. Puede ocurrir a *cualquier* edad adulta; tan temprano como a los 20 años o tan tarde como cerca de los 60. Como su madre indicó, el principio de los 40 años representa el tiempo promedio en que comienza la menopausia, pero las mujeres individuales varían de un modo significativo.

¿ **Estoy ahora pasando por la menopausia. Las cosas que usted ha dicho acerca de las causas de mis desagradables síntomas me están sirviendo de mucha ayuda, y en realidad, me estoy comprendiendo mejor a mí misma en estos momentos. Pero lo que quiero saber es: ¿Terminará esto algún día? ¿Volveré a sentirme otra vez como antes?**

¡La nube oscura que ahora está flotando encima de usted pasará definitivamente, dejando ver de nuevo la luz! Los síntomas severos que usted está experimentando no son una condición permanente, sino una etapa de un viaje que algunas mujeres tienen que hacer. Puede durar varios años, pero *pasará*. Tal y como sucede con los hombres que experimentan la crisis de la edad madura, el período después de la menopausia puede ser más brillante, más feliz, más estable, y más saludable que cualquier otro período de la vida. Con frecuencia, se desarrolla una personalidad más equilibrada después de la menopausia y se experimenta una energía mayor. ¡Un día mejor *está* en camino!

A propósito, la mujer es el único ser viviente que dura más que su capacidad para reproducirse, por un espacio de tiempo considerablemente largo. (Amiga, ¿el saber esto le ayuda a mejorar su autoestima?)

¿ **¿Por qué algunas mujeres pasan por la menopausia sin la necesidad de terapia de reemplazo de estrógeno?**

No creo que nadie puede contestar esa pregunta, porque nadie sabe con seguridad lo que el estrógeno le hace al sistema neurológico femenino. Quizá los ovarios o las glándulas suprarrenales segreguen suficiente estrógeno para satisfacer las necesidades de las mujeres menos vulnerables. A estas alturas se conoce poco acerca del equilibrio químico del cerebro y las sustancias que son necesarias para el funcionamiento apropiado del mismo. Por lo tanto, se determina el tratamiento basándose en las señales clínicas y los síntomas que el médico observa.

¿ **¿Existe una "menopausia masculina" comparable con la que experimenta la mujer?**

Esta es una pregunta con insinuaciones culturales que han encubierto la verdad. Algunas mujeres aparentemente temen que la menopausia femenina se utilice como un pretexto para negarles posiciones de liderazgo a las mujeres de edad madura. Por lo tanto, ellas enfatizan la existencia de una "menopausia masculina" comparable. Aunque los hombres experimentan un período crítico que se podría comparar con la menopausia, es muy diferente en origen y en efectos al que experimentan las mujeres. Para los hombres, los cambios que ocurren no están relacionados con alteraciones hormonales sino que son más bien sicológicas en su naturaleza. Es difícil para un hombre enfrentarse al hecho de que nunca logrará las metas que se había propuesto en cuanto a su ocupación; que su juventud está desapareciendo rápidamente; que pronto dejará de ser atractivo para el sexo opuesto; que los sueños que tenía de obtener gloria y poder nunca se realizarán. Algunos hombres, que han logrado menos de lo que habían esperado, están devastados al darse cuenta de que la vida se está acabando. Principalmente, ésta es la menopausia masculina. Algunos individuos reaccionan buscando una aventura con una mujer joven para comprobar que siguen siendo viriles; otros se vuelven alcohólicos; aun otros entran en períodos dramáticos de depresión. Pero aun cuando el efecto emocional es extremo, generalmente es motivado por la manera en que el hombre evalúa el mundo externo. Estas mismas influencias agitan a la mujer, pero ella tiene, además, un trastorno hormonal que destruye su seguridad desde adentro. Por lo general, la variedad femenina de la menopausia es más difícil de soportar, sobre todo si no se recibe tratamiento.

Nota del doctor Dobson: En enero de 1982 el programa radial de Enfoque a la Familia sacó al aire una serie de entrevistas que le hice a un médico del sur de California, el doctor Paul Chapman, sobre el tema del desequilibrio hormonal, sus síntomas y su tratamiento.

Como parte de esa serie, Enfoque a la Familia ofreció el artículo que se encuentra a continuación, el cual fue traído a nuestra atención por nuestro invitado, el doctor Chapman. Aunque originalmente fue publicado en 1963, el doctor Chapman opina que el contenido de este artículo continúa representando la explicación más concisa y correcta, que está disponible, sobre el tema del desequilibrio hormonal en la edad madura.

Desde luego, es notable que el artículo no trata el tema de la controversia que ha surgido recientemente sobre el uso del estrógeno en el tratamiento de la menopausia. Varios artículos médicos que se publicaron durante la década de los 70 sirvieron para confirmar la sospecha de que el uso prolongado e indiscriminado del estrógeno parecía estar relacionado con el cáncer del útero en algunas mujeres. Sin embargo, los médicos siguen estando divididos en cuanto a los riesgos involucrados cuando se utilizan las hormonas de manera cuidadosa y bajo vigilancia médica. Hay quienes creen que las consecuencias de no proveer el estrógeno a una mujer que desesperadamente lo necesita es más peligroso que los riesgos conocidos al usarlos, entre estos médicos se encuentra el doctor Chapman. Otros médicos están filosóficamente en contra del uso del estrógeno sea cual sea el caso.

Más investigaciones ginecológicas se están llevando a cabo en centros médicos a través del país. Como no hay conclusiones definitivas en este momento, es recomendable que una mujer con síntomas de menopausia busque y acepte el consejo de sus propios médicos.

EL DESEQUILIBRIO HORMONAL
EN LA EDAD MADURA
por Lawrence Galton

Un profundo cambio que ahora está ocurriendo en el pensamiento médico podría afectar las vidas de millones de mujeres, incluso, de casi todas las mujeres.

"En mi práctica, la menopausia es un proceso de enfermedad, que requiere la intervención activa". Con estas palabras enfáticas el doctor Allan C. Barnes, director del departamento obstétrico y ginecológico en la facultad de medicina de la Universidad Johns Hopkins, ha expresado un nuevo concepto revolucionario que ahora sostienen varios ginecólogos prominentes. Es un concepto de importancia para todas las mujeres, y especialmente para las más jóvenes.

El concepto está basado en la evidencia cada vez mayor de que, ya sea que ocurra a una edad tan temprana como los 35 años (y así les pasa a algunas mujeres), o tan tarde como los 55 (y así les pasa a otras), el debilitamiento de los ovarios que produce el "cambio de vida" puede causar algo más que un efecto temporal. Puede haber consecuencias, que antes no habían sido reconocidas, para el resto de la vida de la mujer:

• Este debilitamiento de la función de los ovarios puede quitarle a la mujer muchos de sus preciados atributos femeninos, cambiando la apariencia de su cuerpo e incluso hasta cierto punto, dándole características masculinas.

• El debilitamiento puede producir muchos cambios degenerativos o irritantes dentro de su cuerpo.

• Después de la menopausia la mujer puede llegar a ser más propensa que antes, a enfermedades cardiacas y a dolorosas enfermedades de los huesos.

• La menopausia puede conducir a un debilitamiento rápido en la función mental de la mujer, es decir, a una aceleración de su envejecimiento intelectual y sicológico además del envejecimiento físico.

Pero felizmente este cuadro tan triste tiene un aspecto más brillante. Existe evidencia de que estas consecuencias no son inevitables, que si las mujeres están alerta a ellas y buscan ayuda, pueden superarlas. Y si las mujeres jóvenes están alerta a las mismas y buscan ayuda desde temprano, a menudo se pueden impedir las consecuencias.

La verdad es que parece que está surgiendo toda una nueva era de medicina preventiva para las mujeres jóvenes; ellas no tendrán que esperar tristemente un fin decadente de la vida, sino que podrán evitarlo activamente.

El nuevo concepto dice, en efecto, que la menopausia puede ser una enfermedad por deficiencia, como la diabetes y el hipotiroidismo son enfermedades por deficiencia, y la deficiencia se puede compensar durante la menopausia como se compensa para otros males.

El caso de la glándula pituitaria frenética. Este concepto se desarrolló porque en años recientes los doctores han estado dedicando mucho estudio a los síntomas obvios de la menopausia y también a los otros efectos que no han sido tan obvios en absoluto.

Los síntomas más obvios son los más agudos, de los cuales todas las mujeres han escuchado lo peor. Un síntoma clásico, de mala fama, es el calor momentáneo: una sensación repentina de calor que pasa por todo el cuerpo hasta la cabeza, haciendo que la cara se sonroje intensamente y que muchas veces se sude bastante; y después se sientan escalofríos. Otros síntomas incluyen dolores de cabeza, debilidad, palpitaciones, insomnio y mareos.

Muchas veces hay dificultades emocionales. "Es como si la mujer viera el mundo con lentes de color gris", dijo un médico. "Se vuelve nerviosa, aprensiva, deprimida, melancólica, irritable y emocionalmente inestable".

¿Cuáles son las causas de esos trastornos?

Incluso tan recientemente como hace dos generaciones, no había un entendimiento básico. Hasta la mitad de la década de los 20, nadie sabía que los ovarios producían estrógeno. Desde entonces ha quedado claro que esta hormona cambia a una niña en mujer y le permite concebir hijos. El debilitamiento de los ovarios y de su producción de estrógeno ocasiona la menopausia, y al hacerlo, le pone un fin a la menstruación. Pero el debilitamiento de los ovarios también puede producir trastornos para las otras glándulas. Es algo así:

A lo largo de sus años activos, los ovarios segregan estrógeno bajo órdenes de la glándula pituitaria. La pituitaria, la jefa de las glándulas del cuerpo, que está en la base del cerebro, también da órdenes a otras importantes glándulas endocrinas, incluyendo la tiroides y las suprarrenales. Cuando, durante la menopausia, los ovarios dejan de responder adecuadamente a su orden, la glándula pituitaria se trastorna. Se ve afectado su control sobre las demás glándulas, y el resultado puede ser un desequilibrio hormonal que afecta a todo el sistema nervioso.

Más que una "transición breve". No todas las mujeres tienen gran dificultad con los síntomas agudos de la menopausia. En realidad, la disminución en la producción de óvulos durante el proceso del envejecimiento tiene grandes variaciones; y ésta es la razón por la que hay una variación tan grande en la edad en la cual comienza la menopausia.

Cuando comienza, los ovarios quizá no cesen de trabajar del todo, sino que tal vez continúen produciendo un poco de estrógeno; las glándulas suprarrenales también pueden producir un poco. La cantidad varía de una mujer a otra. También varían los síntomas.

Por lo tanto, en un estudio que incluyó a 1000 mujeres, 50.8 por ciento no padeció ninguna incomodidad aguda. De las que experimentaron dificultades, 89.7 por ciento pudo seguir trabajando como de costumbre sin interrupción; sólo 10.3 por ciento de ellas se vieron realmente incapacitadas por intervalos.

El tratamiento en el pasado ha sido mayormente conservador. La idea ha sido que el "cambio de vida" sólo es un período de ajuste que puede durar desde unos meses hasta un año o dos, hasta que el cuerpo haya tenido la oportunidad de acostumbrarse a la nueva situación en la que los ovarios ya no desempeñarán su papel que una vez fue tan activo.

Brindarle tranquilidad ha sido la mayor parte de la terapia. Se había pensado que la mujer podía atravesar el período de ajuste mucho más fácilmente, al comprender que la menopausia es una fase pasajera y que todas las incomodidades desaparecerán pronto. Y el hecho es que muchas han sentido gran alivio de los trastornos nerviosos y emocionales, e incluso de las sensaciones de calor, simplemente con las palabras tranquilizadoras de un doctor en el cual confían, que estuvo dispuesto a tomar el tiempo necesario para tranquilizarlas.

En casos más severos se ha utilizado el estrógeno. El objetivo ha sido emplearlo por poco tiempo, sólo suficientemente para aquietar la glándula pituitaria y disminuir gradualmente la dosis para ayudar al cuerpo a llegar a un equilibrio nuevo en etapas fáciles, en pocas palabras, para aligerar la transición.

Pero últimamente, ha habido más y más evidencia de que hay mucho más que se debe tener en cuenta que una breve transición; que los ovarios, al producir estrógeno, desempeñan muchos otros papeles aparte de hacer que la reproducción sea posible, y que su debilitamiento puede producir muchas consecuencias para el resto de la vida de la mujer. *Es el factor clave de las caderas fracturadas y los ataques cardiacos.* Una de las consecuencias más notables, y potencialmente peligrosas, de la disminución de estrógeno, es la falta de protección contra los problemas cardiacos.

Estudios recientes han mostrado que el endurecimiento y estrechamiento de las arterias que alimentan el corazón, una causa principal de ataques cardiacos, es diez veces más común en los hombres menores de 40 años que en las mujeres de la misma edad. Pero después de la menopausia, el cuadro cambia, y las mujeres, como grupo, se vuelven igualmente propensas a tener enfermedades cardiacas. Parece que el estrógeno es un factor principal en mantener bajos los niveles de colesterol y otras grasas en la sangre, que en exceso están relacionados con la *arteriosclerosis*, o sea, el endurecimiento y estrechamiento de las arterias que conducen la sangre al corazón. Con la disminución del estrógeno que producen los ovarios, la mujer pierde su posición favorable.

Otra consecuencia común de esa disminución es la *osteoporosis*, un desgaste de la estructura de los huesos. El estrógeno influye en el equilibrio de la proteína. Cuando hay niveles bajos de esta hormona, los huesos pueden perder proteína, y el resultado puede ser una reducción de calcio.

Un síntoma frecuente de la osteoporosis es el dolor crónico en la espalda. La osteoporosis también puede debilitar tanto los huesos que lleguen a tener la tendencia de fracturarse más fácilmente. "La mujer de 80 años que se fractura la cadera", dice el doctor Barnes, "puede culpar en parte a sus ovarios que dejaron de funcionar 30 años antes". Y las fracturas de otros huesos, en las muñecas y las costillas, suelen ocurrir después de heridas leves.

También con frecuencia los huesos de la columna vertebral se comprimen y la persona pierde estatura. Además, se puede formar una desviación anormal en la columna, que termina en una joroba poco atractiva.

¿Una pérdida de feminidad? El estrógeno tiene una gran influencia también sobre la *piel*: en la sangre que le es suplida, su elasticidad y otras cualidades. Al ir disminuyendo el estrógeno producido por los ovarios, la piel tiene la tendencia a perder su suavidad y a quedar dura, seca, inflexible y escamosa. Algunas mujeres desarrollan una comezón irritante; otras sufren sensaciones similares a las que producen los insectos cuando caminan sobre la piel.

También pueden desarrollarse ciertas características masculinas. En los hombres y en las mujeres se producen tanto hormonas masculinas como femeninas. El equilibrio es lo que cuenta. En las mujeres las glándulas suprarrenales producen andrógeno, la hormona masculina. En la menopausia continúan produciéndola, y como los ovarios producen menos estrógeno, el equilibrio quizá se altere lo suficiente como para causar un aumento en vello facial y algunas veces una tendencia a ser calva.

Tampoco los efectos de la disminución del estrógeno se detienen allí. Es la creciente cantidad de estrógeno en la pubertad lo que produce el desarrollo de los senos, causa otros cambios en la forma del cuerpo, y hace que el útero crezca y la vagina madure. Y es la disminución de la cantidad de hormonas en la menopausia lo que hace que ocurran cambios contrarios en todas estas áreas.

Cuando los senos quedan privados de los niveles altos de la hormona, pierden su firmeza y quedan flácidos. Hay una tendencia a que se acumule grasa en las caderas y muslos. El útero regresa a su tamaño de la preadolescencia. La vagina se hace más corta y pierde su capacidad para dilatarse; y también debido a la privación de estrógeno, el interior de la vagina se adelgaza y suele perder su nivel normal de acidez.

La pérdida de la acidez puede permitir que crezcan organismos infecciosos, y el tejido delgado también invita a la infección. El resultado es un problema común conocido como la *vaginitis senil*, con su comezón, ardor, flujo y algunas veces la falta de habilidad para tener relaciones matrimoniales sin dolor.

Como existe una conexión linfática entre la vagina y la vejiga, por medio de la cual se puede propagar una infección, la vaginitis puede producir también *cistitis*, una infección de la vejiga que produce la necesidad de orinar frecuentemente.

Para algunas mujeres existen también las molestas artralgias, o dolores en las articulaciones. Sin embargo, la privación del estrógeno no causa la artritis reumática (el índice más alto ocurre antes de la menopausia) ni la osteoartritis (esta enfermedad tiene la tendencia de aumentar en severidad desde el final de la niñez).

Pueden producirse problemas emocionales. En cuanto a los *trastornos emocionales*, algunos médicos ahora creen que los cambios físicos ocasionados por la falta de estrógeno desempeñan un papel más importante del que se creía antes.

Es verdad que puede haber muchos otros factores significativos que causen ansiedad y depresión. Generalmente, cuando una mujer llega al cambio de vida, sus hijos son adultos que están viviendo sus propias vidas y ya no necesitan el cuidado de ella. Quizá su esposo se encuentre en la cumbre de su carrera y piense sólo en él mismo. Posiblemente se sienta menos útil, especialmente si su vida ha estado concentrada del todo en su familia, y si ella no tiene otros intereses.

Sin embargo, como dice un médico: "Mientras que estos factores son inquietantes, el ajuste mental no sería demasiado difícil para la mayoría de las mujeres si no fuera por los cambios físicos. Una mujer está plenamente consciente de su pérdida de atractivo físico; nota los cambios evidentes en la piel, los depósitos de grasa que la han desfigurado, lo atrofiado de sus senos. Una vagina irritada o inadecuada también puede traer más infelicidad. Todo esto tiene un efecto profundo en su alma".

Una tercera parte de la vida. A fin de cuentas, la lista de posibles consecuencias como resultado del debilitamiento de los ovarios es considerable, y las consecuencias han aumentado en importancia a medida que el promedio de vida de la mujer ha aumentado de sólo 48 años al final del siglo pasado a 75 años hoy en día. La mujer promedio puede suponer que vivirá la tercera parte de su vida (y muchas mujeres viven la mitad de sus vidas) después de lo que equivale a la "muerte" de los ovarios.

Cada vez más médicos concuerdan con la convicción del doctor William H. Masters de la facultad de medicina de la Universidad de Washington, que la profesión médica, la cual es responsable por agregarle muchos años a la vida, ahora tiene que hacer algo para enfrentarse al problema del debilitamiento de los ovarios; "tenemos que aceptar la responsabilidad de desarrollar un apoyo fisiológico efectivo".

Un informe especial sobre la terapia para la menopausia, publicado en 1961 con la autorización del Consejo de Medicinas de la Asociación Médica Norteamericana, declaró que el tratamiento para el resto de la vida de la mujer, y no sólo el tiempo de uno o dos años de tratamiento durante la menopausia, "ha llegado a ser el problema principal".

Cómo puede ayudar la terapia de estrógeno. Ahora se ha obtenido evidencia por medio de muchos estudios, algunos de los cuales se llevaron a cabo por un período extenso, que el problema se puede solucionar. El estrógeno para uso terapéutico ha estado disponible por más de 25 años.

Los doctores Stanley Wallach y Philip H. Hennemann de la facultad de medicina de Harvard recientemente repasaron sus archivos de más de 200 mujeres a quienes habían recetado el estrógeno durante los últimos 25 años:

- De estas mujeres, 94 fueron tratadas principalmente por la sensación de calor fuerte, que en muchos casos había estado presente por tres años o más, y que en algunos casos no había mejorado con calmantes y otros tratamientos. El estrógeno trajo pronto alivio para 93 de las 94 mujeres.

- Había otras 119 mujeres con osteoporosis severa. Noventa por ciento de las que fueron tratadas con estrógeno, obtuvieron alivio completo o gran reducción del dolor. Por lo general, su dolor disminuyó de manera marcada dentro de dos meses del comienzo del tratamiento. Poco a poco, el dolor disminuyó aun más, y aumentó su habilidad para moverse con libertad.

- En algunas mujeres la osteoporosis había hecho que su estatura se redujera hasta 13 centímetros. Después de comenzar el tratamiento de estrógeno, no se redujo más la estatura.

- Y es importante notar que en otro grupo de mujeres, los doctores Wallach y Hennemann encontraron que cuando el estrógeno se comenzaba a usar a tiempo, antes que la osteoporosis pudiera desarrollarse, la hormona tenía un efecto preventivo. El mal en los huesos nunca llegó a desarrollarse.

Protección contra los problemas cardiacos. El valor del estrógeno para las enfermedades cardiacas y arteriales, tanto para el tratamiento como para la prevención, se está demostrando cada vez más. Los médicos les han recetado la hormona a mujeres (y también a hombres) que habían tenido un ataque cardiaco. El tratamiento ha reducido de manera marcada el índice de ataques subsecuentes y ha aumentado los años de vida.

En estudios de largo plazo con más de 200 mujeres, el doctor M. Edward Davis y sus asociados en la Universidad de Chicago han investigado el valor del estrógeno como medicina preventiva. Ellos informaron que, en comparación con otras mujeres, las que reciben la hormona después de la menopausia tienen niveles bajos de colesterol y de otras grasas en la sangre, y también muestran un índice más bajo de electrocardiogramas anormales que indican problemas cardiacos. Otro grato resultado es que las mujeres bajo tratamiento de estrógeno por diez años o más, tenían un índice más bajo de alta presión de la sangre.

¿Se pueden evitar otros problemas? Los doctores han comprobado el valor del estrógeno, algunas veces de manera dramática, para combatir muchos otros

problemas de las mujeres durante la menopausia y después de ella.

La hormona no es un "curalotodo" para la piel y no puede restaurar la hermosura de la adolescencia, pero el tratamiento de estrógeno mejora mucho la elasticidad y puede ayudar a vencer la sequedad.

El estrógeno es sorprendentemente efectivo en el tratamiento de la vaginitis, muchas veces restablece el tejido vaginal a lo normal dentro de un mes y también restablece la acidez de la vagina. La comezón y el flujo desaparecen. Además, puede mejorar la cistitis.

Muchas mujeres con dolor en las articulaciones han tenido grato alivio con el tratamiento del estrógeno. Y el doctor Masters ha informado que, con la excepción de los ovarios, todos los órganos pélvicos y los senos pueden experimentar un cambio total de su debilitamiento y regresar al tamaño y la función normal, bajo la influencia del tratamiento de estrógeno.

Investigadores en el departamento de neurosiquiatría de la Universidad de Washington han informado los resultados de estudios que indican que el tratamiento de estrógeno tiene algo de valor para la función intelectual; que los procesos mentales básicos, como la memoria para sucesos recientes, la capacidad para sacar conclusiones y para absorber material nuevo, muestran cierto grado de mejoría. La mejoría varía entre las personas, pero parece que está directamente relacionada con el tiempo cuando comenzó el tratamiento, mientras más pronto se comienza, mejor.

En abril de 1963, un informe médico titulado: "Una súplica para el mantenimiento del estrógeno adecuado desde la pubertad hasta la tumba", que fue publicado en *The Journal of the American Geriatrics Society*, resumió diciendo que las mujeres del pasado *tenían que* terminar "rígidas, débiles, torcidas, arrugadas y apáticas ... tambaleándose a través de los años que les quedaban". La cantidad y la variedad del sufrimiento fueron grandes. No había mucho que pudieran hacer para sus problemas de la piel ... para la osteoporosis, el flujo vaginal y las vulvas ensangrentadas. Todo era parte de ser anciana. Si se deja en paz a la naturaleza, sigue siendo así, pero la mayor parte del sufrimiento ahora puede ser prevenido y tratado de manera efectiva.

¿Cuál es el riesgo de cáncer? ¿Hay algún riesgo con el tratamiento de hormonas? En el pasado ha habido temor de que el estrógeno pudiera provocar el cáncer del seno o el genital. Pero el informe de 1961, autorizado por el Consejo de Medicinas de la Asociación Médica Norteamericana, declaró que tal temor "no parece justificable según la evidencia disponible".

La evidencia *en contra* de tal peligro ha estado llegando cada vez más de muchas fuentes.

En primer lugar, el índice del cáncer en las mujeres, en cualquier lugar del cuerpo, aumenta constantemente con la edad, aun cuando disminuye la producción de estrógeno.

Además, los investigadores han estado señalando que si el estrógeno provocara cáncer, el cáncer del seno sería más frecuente durante el embarazo porque los niveles de estrógeno aumentan en gran manera, especialmente durante los últimos meses. Pero se ha encontrado que el cáncer del seno es raro durante el embarazo.

Estudios realizados con animales a los que se les han dado grandes dosis de estrógeno no han revelado ningún efecto canceroso, como tampoco lo han mostrado varios estudios de larga duración, llevados a cabo con mujeres que están bajo tratamiento de estrógeno.

En un estudio, 206 mujeres fueron tratadas por más de cinco años y medio; y no se desarrolló ningún caso de cáncer. En otro estudio, incluyendo más de 120 mujeres que ya habían pasado por la menopausia, tratadas por un período prolongado, no se observó ningún cáncer, aunque era de esperar que entre cinco y seis tumores malignos se hubieran desarrollado durante ese tiempo.

Al reportar su experiencia de 25 años con el uso del estrógeno, los doctores Wallach y Hennemann de la Universidad de Harvard notaron que el cáncer del seno no se detectó en ninguna paciente que había tenido tratamiento de larga duración, y sólo se desarrolló un caso de cáncer genital. Por lo tanto, llegaron a la conclusión de que "la terapia prolongada de estrógeno oral, tomado de manera cíclica en combinación con los exámenes médicos periódicos de la pelvis y la vagina, es efectiva y segura".

En 1962, en *The Journal of the American Medical Association*, el doctor Robert A. Wilson del Hospital Metodista de Brooklyn informó acerca de un grupo de 304 mujeres cuyas edades variaban entre cuarenta y setenta años y que habían sido tratadas con estrógeno por períodos de hasta 27 años. Él señaló que normalmente se hubiera esperado que de entre esa cantidad de mujeres hubieran ocurrido aproximadamente 18 casos de cáncer, ya fuera de los senos o genital. Pero por el contrario, no se presentó ningún caso de cáncer.

El doctor Wilson notó que el estrógeno, lejos de provocar el cáncer, bien podría ser un tratamiento de *prevención*. Informó: "Parece que sería recomendable mantener a las mujeres con una porción rica de estrógeno y, por lo tanto, en un índice bajo de cáncer a lo largo de sus vidas".

Hay efectos secundarios. Sin embargo, el uso del estrógeno no ha estado libre de problemas en el pasado, y hay algunos problemas hoy en día.

Los primeros compuestos eran inútiles por vía oral; tenían que ser inyectados. Ahora hay varias preparaciones que son efectivas oralmente, pero se tienen que utilizar bajo estricta supervisión médica y prestando cuidadosa atención a la dosis apropiada para cada mujer por separado. Algunas mujeres sacan provecho de diminutas cantidades; otras requieren hasta diez veces más. Especialmente cuando la hormona se toma en grandes cantidades, puede provocar flujo irregular de sangre en algunas mujeres.

Este flujo no tiene ninguna importancia en sí mismo; se detendrá cuando se deje de usar la medicina por un tiempo. Pero el flujo de sangre crea confusión en cuanto al problema del diagnóstico del cáncer uterino en sus comienzos. El flujo irregular de sangre, en los años maduros, puede ser producido por causas que no son serias, como pólipos, pero también puede indicar un tumor maligno. Y en vista de que tales tumores malignos se pueden curar en las primeras etapas, los doctores han aprendido, por motivos de seguridad, a considerar el flujo irregular de sangre como una señal de cáncer hasta que definitivamente se pueda comprobar lo contrario.

Al tratar de evitar el problema del flujo irregular de sangre, y la posible necesidad de hacer un raspado para verificar que no haya cáncer, algunos doctores utilizan la administración cíclica del estrógeno, y han encontrado que es efectiva. Hacen que las mujeres tomen el medicamento por 25 días, lo dejen de tomar por cinco días y luego comiencen de nuevo; o usan otro plan parecido de tomarlo y dejarlo.

Algunos médicos emplean una combinación de estrógeno y andrógeno, la hormona sexual masculina. Y el andrógeno suele tener otro efecto positivo: Aumenta la sensación de bienestar general.

Pero puede ser de gran importancia la proporción de estrógeno y andrógeno. Mientras que una proporción de 20 unidades de andrógeno a 1 de estrógeno ha sido de valor para la mayoría de las mujeres, produce un crecimiento anormal de pelo, especialmente de vello en la cara, en 20 por ciento de ellas. Algunos médicos recientemente han encontrado que una proporción de 10 a 1 es efectiva, y reduce en gran manera el índice del crecimiento anormal de pelo.

Se espera que la investigación farmacéutica, que ahora está trabajando intensamente en el campo de las hormonas, pronto podrá producir unos nuevos compuestos sintéticos que no tendrán propiedades indeseables.

Es asunto de "administración médica". Hoy en día, la gran pregunta entre los ginecólogos es saber cuántas mujeres necesitan un suplemento de hormonas.

Algunos médicos están convencidos de que cada mujer debe tener tratamiento de estrógeno, no sólo durante la menopausia, sino por el resto de su vida. Piensan que otras formas de administración médica no se deben abandonar. Las explicaciones, el consuelo, la dirección sobre la nutrición y el peso; el uso de calmantes y de otras medicinas, tienen su lugar en casos individuales. Pero estos médicos consideran que la menopausia es el principio de una condición de deficiencia de estrógeno que exige un tratamiento prolongado de estrógeno, así como la diabetes o cualquier otra condición de deficiencia requiere un tratamiento continuo.

Algunos comienzan el tratamiento después que la mujer ha estado libre de su menstruación por seis meses, aunque el estrógeno se puede emplear tan temprano como dos meses después de la última menstruación si la mujer se queja de sentir frecuentemente calor repentino u otros síntomas incómodos. Y esos médicos creen en la necesidad del tratamiento aunque las mujeres no presenten síntomas.

Como puede haber grandes variaciones en la producción natural de estrógeno durante la menopausia y después de ella, muchos médicos no están convencidos de que el tratamiento debiera ser rutinario para todas las mujeres.

El doctor Edmund Overstreet, profesor de obstetricia y ginecología en la Universidad de California, dice: "Sin embargo, ellos opinan que aproximadamente 25 por ciento de las mujeres que han pasado por la menopausia tienen una verdadera enfermedad de deficiencia de estrógeno que se debería de suplir con la terapia de estrógeno por el resto de las vidas de estas mujeres para protegerlas".

Todos los expertos se unen en enfatizar una cosa: la necesidad de reconocer que el estrógeno no es un "curalotodo". Aunque puede ser de valor en muchas maneras, indudablemente el estrógeno no es una panacea. Pueden surgir problemas durante o después de la menopausia, así como en cualquier otra etapa de la vida, que no tengan nada que ver con la menopausia, para los cuales el estrógeno no tiene ningún valor. Los exámenes médicos regulares y cuidadosos siguen siendo de vital importancia.

Una prueba para la deficiencia de estrógeno. Se necesitarán años de experiencia antes que se pueda contestar la pregunta sobre si cada mujer necesita tratamiento o no. Mejores pruebas podrían ayudar. Actualmente, el *Papanicolau*, el mismo examen que se utiliza para detectar cáncer, se puede utilizar para calcular el grado de privación de estrógeno. El análisis muestra cambios en el tejido de la vagina causados por la falta de la hormona, y puesto que también muestra cambios benéficos cuando se toma estrógeno, ayuda a determinar la dosis apropiada. Pero muchos médicos piensan que se necesitan pruebas más refinadas y exactas, y que pronto estarán disponibles.

En la actualidad, la mayoría de los médicos sin duda prefieren no utilizar el suplemento hormonal de manera rutinaria, sino según las necesidades hormonales; y no sería sabio que una mujer lo exigiera caprichosamente.

El punto realmente importante es este: Cada mujer ahora puede confiar en que su médico tendrá gran interés, mucho más grande que antes, en su mejoría durante la menopausia y después de ella; en que él estará alerta a sus necesidades, y en que, con la creciente cantidad de evidencia sobre su beneficio y seguridad, hará uso del tratamiento hormonal, si le parece que es necesario, para que el "cambio de vida" y todo el resto de su vida sean más sanos y felices. [Final del artículo.]

Más allá de la edad madura

¿ La mayoría de sus libros y conferencias están dirigidos a las esposas y madres más jóvenes. Pero las mujeres más maduras también tenemos problemas. He sobrevivido la mayoría de las etapas de la vida que usted describe, incluyendo la menopausia, pero necesito que me ayude a entender cómo una puede envejecer con gracia. No quiero convertirme en una vieja aburrida y malhumorada. ¿Podría darme algunos consejos que me ayuden a evitar algunos de los problemas que son característicos de los años después de uno jubilarse?

Hay por lo menos cuatro peligros que usted debe evitar. Permítame considerarlos brevemente.

En primer lugar, evite el peligro del *aislamiento*. Reuben Welch ha escrito un libro titulado: *We Really Do Need Each Other* [*Realmente nos necesitamos el uno al otro*], y tiene toda la razón. El aislamiento es una cosa mala; destruye la mente. Según vaya envejeciendo, no se encierre dentro de las cuatro paredes de su casa, aislándose de los demás. Mantenga su vida social, aun cuando lo más fácil sería quedarse en casa. Hable por teléfono con sus amistades; probablemente ellas también se sientan solas. Tenga relación con otras personas.

Y recuerde que la soledad es algo que usted se hace a sí misma, no es algo que otros le hacen. En segundo lugar, evite el peligro de la *inactividad*, que es muy común entre los ancianos. Una vez, viajé a una ciudad muy de noche, y al llegar encontré que el hotel en el cual tenía reservada una habitación se la había alquilado a otra persona. El gerente se vio obligado a ayudarme a conseguir alojamiento en otro lugar, pero todos los hoteles estaban llenos. Finalmente, él encontró una habitación en un edificio donde sólo vivían ancianos. Mi breve experiencia en aquel lugar fue a la vez instructiva y deprimente. A la mañana siguiente, cuando bajé a desayunar, vi a 400 ó 500 ancianos sentados en una sala enorme. La mayoría de ellos permanecían callados, sin hablar ni relacionarse con los demás. Ni siquiera estaban leyendo un periódico. Casi todos estaban sentados cabizbajos, unos cabeceando a punto de quedarse dormidos, y otros mirando al vacío. No había ninguna clase de actividad o participación mutua, ni relación entre las personas. Qué triste fue ver a tantas personas que aunque estaban acompañadas por otras se encontraban solas, cada una encerrada en sus propios pensamientos. La inactividad y su compañera, la soledad, son *enemigas* peligrosas de los ancianos.

Tercero, evite el peligro de *tener lástima de sí mismo*. Esta es una actitud que verdaderamente puede destruir a su víctima. Los que se rinden a esta clase de sentimientos están escuchando la mentira más maliciosa de Satanás. En vez de guardarse dentro sentimientos de remordimiento, le sugiero que comience a hacer cosas para los demás: prepare un postre, mande flores, escriba una carta. Participe en el mundo de otras personas y comience a orar por otros que están a su alrededor.

Cuarto, evite el peligro del *desaliento*. Muchos ancianos caen en la costumbre de pensar: "Me estoy poniendo más viejo. Delante de mí no tengo nada más que la muerte... mi vida está llegando a su fin". Esta falta de esperanza no tiene ninguna justificación para el cristiano, que siempre debe tener su mirada puesta en el *futuro*. La verdadera belleza del cristianismo se encuentra en la seguridad de un mundo más allá de éste, en el cual no habrá dolor, sufrimiento o soledad.

Esta esperanza de la vida futura me fue expresada por mi padre, de una forma hermosa, poco antes de su muerte. Un día, mientras íbamos caminando por un camino rural, hablando de la vida y de su importancia, hizo un comentario sobre la vida eterna, que nunca olvidaré. Dijo que cuando era joven, la posibilidad de una futura existencia celestial no era asunto de gran valor para él. Había gozado su juventud y pensar en la vida más allá de la tumba era para él como una perla cubierta de costra y suciedad. Suponía que la perla era hermosa, pero su hermosura no era evidente ni se había realizado. Pero a medida que envejecía y empezaba a experimentar algunos de los inconvenientes de la vejez, incluyendo un grave ataque cardíaco y diversos achaques y dolores, la costra comenzó a caerse de encima de la perla, que cada vez fue brillando con mayor resplandor, hasta que se convirtió en la más preciada de todas sus posesiones.

Mi padre ha tomado la posesión de esa perla que le dio tan gran significado a su existencia en este mundo... incluso en el invierno de su vida. Con agradecimiento en mi corazón, debo decir que la misma esperanza está al alcance de cada uno de los hijos de Dios, ¡usted y yo incluidos!

 ¿Podría describir usted los cambios físicos que tienen lugar durante el proceso de envejecimiento?

La decadencia que acompaña a la vejez no es un deterioro súbito de todos los sistemas del organismo, que sucede a un mismo nivel y en la misma proporción. Hay un orden de deterioro en circunstancias normales; o sea, si no hay un factor de enfermedad que cambie esto. El proceso normal de envejecimiento es el siguiente:

Lo primero que se reduce es el contacto sensorial con el mundo exterior. La lente del ojo pierde su capacidad de contraerse y enfocar, por lo cual llevamos anteojos bifocales para poder ver de cerca y de lejos. Las cataratas dañan aun más la claridad de la visión en algunos casos.

La conducción del sonido disminuye por un desgaste de los tres huesecillos del oído medio, de modo que no podemos oír tan bien como antes. Primero dejamos de oír los tonos más agudos, luego dejamos de percibir los tonos más graves del sonido. Las papilas gustativas de la boca y de la lengua se atrofian, por lo que nada de lo que comemos nos sabe tan sabroso como antes. Ya no gozamos tanto lo que comemos como antes. El sentido del olfato disminuye, lo que también contribuye a que la comida no tenga tan buen gusto, pues realmente gran parte de la satisfacción que sentimos al comer es resultado del olor agradable de la comida. La piel se seca y endurece, por lo que disminuye el sentido del tacto. Así que los cinco sentidos sufren una reducción en su capacidad para detectar información y transmitirla al cerebro.

Más tarde, experimentamos cambios en la actividad motora, o sea, la habilidad para movernos eficientemente. La primera actividad motora que sufre es el control de los dedos, seguido por una deficiencia en la destreza de las manos, luego las muñecas, el codo y el hombro. La disminución de la coordinación se extiende desde las extremidades hacia el centro del cuerpo. Por eso la letra poco firme de una persona de edad revela sus años.

Luego, se producen cambios en el sistema cardiovascular. La grasa que se acumula dentro y fuera del corazón lo obliga a trabajar más duro para cumplir el mismo propósito. Cuando la persona hace un esfuerzo excesivo se requiere de más tiempo para que la circulación de la sangre regrese a su ritmo normal. Un endurecimiento gradual de las arterias también aumenta el estrés cardíaco. El colesterol se acumula en las arterias y dificulta la circulación de la sangre, lo cual puede causar ataques cardíacos, ataques de apoplejía, y otros trastornos cardiovasculares. Además, el sistema nervioso autónomo ya no regula el proceso corporal de manera eficiente, agravando problemas tales como la circulación inadecuada.

La actividad reproductora llega a su fin; aproximadamente a los 45 años para las mujeres, y a los 50 ó 60 años para los hombres. La vida ya no nos confía su más precioso regalo, el de la procreación.

En resumen, estos son los aspectos principales de los cambios que ocurren en el proceso de envejecimiento: primero experimentamos un deterioro sensorial, luego el cuerpo sufre deterioro en los movimientos motores, o sea, en los cambios físicos relativos al movimiento. Y si la vida llega a continuar más allá de este punto, es posible que ocurra una reducción de la actividad mental.

¿ **¿Es inevitable que el deseo sexual disminuya durante la quinta, sexta y séptima década de la vida?**

No hay una base orgánica para que los hombres o las mujeres experimenten menos deseo al envejecer. El apetito sexual depende más del estado de ánimo y de las actitudes emocionales, que de la edad cronológica. Si el marido y la mujer se ven a sí mismos como viejos y poco atractivos, pudieran perder interés en el sexo por razones que sólo son secundarias a su edad. Pero desde el punto de vista físico es un mito que durante la menopausia los hombres y las mujeres sean sexualmente apáticos.

¿ **¿Qué es lo que una mujer desea más de su marido durante la quinta, sexta y séptima década de su vida?**

Ella quiere, y necesita tener, la misma seguridad de que él la ama y respeta, que deseó tener cuando era más joven. Esta es la hermosura del amor que está dispuesto a establecer una relación duradera, el amor que es reconocido como una dedicación de toda la vida. Un hombre y una mujer pueden enfrentarse juntos a los tiempos buenos y malos como amigos y aliados. En contraste, los jóvenes que defienden la "libertad sexual" y el no verse comprometidos, entrarán a los últimos años de sus vidas teniendo solamente el recuerdo de una serie de personas que se aprovecharon de ellos, así como de relaciones rotas. Esa filosofía de corto alcance, que tiene tanta publicidad en estos días, tiene un final que se puede predecir, termina en un callejón sin salida. El amor que está dispuesto a establecer una relación duradera es costoso, tengo que admitirlo, pero su inversión produce las más altas ganancias cuando llega su vencimiento.

COMENTARIO FINAL

Mi propósito al preparar este libro ha sido ofrecer consejos prácticos con respecto a problemas matrimoniales y sexuales. Por otra parte, he querido ordenar los asuntos de tal manera que las personas con necesidades o preocupaciones específicas los puedan encontrar fácilmente. Después de haber completado esa tarea en la forma de preguntas y respuestas, me gustaría concluir explicando por qué se pensó que un libro como éste era necesario y qué filosofía está detrás de las recomendaciones expresadas.

En siglos pasados, los adultos se enfrentaban solos a los problemas matrimoniales y sexuales, sin la ayuda de consejos profesionales o de algún experto. Sin embargo, hoy en día, en la era de la supuesta "libertad" sexual, la gente ha ido apresuradamente a los siquiatras, sicólogos y educadores, e incluso a los terapeutas sexuales, en busca de respuestas a sus preguntas sobre la sexualidad y las relaciones personales, tanto dentro como fuera del compromiso matrimonial.

Está bien que ahora nos preguntemos: "¿Cuál ha sido el efecto de esta influencia profesional?" Uno esperaría que sexualmente los norteamericanos estarían más felices y saludables que las personas que viven en países donde no disfrutan de tal clase de ayuda técnica y profesional, pero no es así. La pornografía, las violaciones, la perversión sexual, las violaciones, la homosexualidad, el SIDA, la depresión y el suicidio son las marcas de esta sociedad "liberada". Hemos causado un verdadero desastre.

Por supuesto, no voy a ser tan ingenuo como para echarles la culpa de todas estas desgracias a los malos consejos de los "expertos", pero creo que ellos han tenido parte en la creación del problema. ¿Por qué? *Porque en general, los científicos que se basan exclusivamente en observaciones y conceptos referentes a la conducta no han confiado en la ética judeocristiana, y han hecho caso omiso de la sabiduría contenida en esta inestimable tradición.*

Me parece que el siglo veinte ha producido una generación de profesionales que se han creído tan capacitados como para no necesitar hacer caso de conceptos llenos de sentido común, practicados durante más de 2000 años, y los sustituyeron por sus nuevas ideas inestables. Cada autoridad, escribiendo según su propia experiencia limitada, y reflejando sus propios prejuicios, nos ha suministrado sus opiniones y suposiciones como si fueran la verdad absoluta. Por ejemplo, un antropólogo escribió un artículo increíble en *The Saturday Evening Post*, de noviembre de 1968, titulado: "Los científicos tenemos el derecho a hacer el papel de Dios". El doctor Edmund Leach dijo:

No puede haber otra fuente de estos juicios morales aparte del mismo científico. En la religión tradicional, la moralidad tenía su origen en Dios, pero solamente se le atribuía a Dios la autoridad para establecer reglas morales y para hacerlas cumplir, porque también se le atribuían poderes sobrenaturales para crear y destruir. Ahora esos poderes le han sido usurpados por el hombre, y debemos aceptar la responsabilidad moral que los acompaña.

Este párrafo resume los muchos males de nuestros días. Algunos hombres arrogantes, como Edmund Leach, han declarado que Dios no existe, y se han puesto a sí mismos en su lugar exaltado. Revestidos de esa autoridad, han proclamado sus opiniones ridículas al público con absoluta confianza. Por su parte, muchas familias desesperadas echaron mano de esas recomendaciones inútiles, que son como chalecos salvavidas agujereados que a menudo se hunden arrastrando hasta el fondo a las personas que los llevan puestos.

Estas falsas enseñanzas incluyen las ideas de que la disciplina es perjudicial, la irresponsabilidad es saludable, la instrucción religiosa es arriesgada, la rebeldía es una manera muy útil de desahogar la ira, todas las formas de autoridad son peligrosas, y así sucesivamente. En los últimos años, esta perspectiva humanista se ha vuelto más radical y anticristiana. Por ejemplo, una madre me dijo recientemente que trabaja en un proyecto de jóvenes que ha contratado los servicios de asesoramiento de cierto sicólogo. Él ha estado enseñándoles a los padres de los niños que son parte de este programa, que con el fin de que sus hijas crezcan con una actitud más sana hacia la sexualidad deben tener relaciones sexuales con ellas cuando tienen doce años de edad. Si esto le ha dejado boquiabierto, quiero que sepa que lo mismo me sucedió a mí. Sin embargo, es a esto a lo que nos lleva el relativismo moral; éste es el producto final de un esfuerzo humano que no acepta normas, ni honra valores culturales, ni reconoce absolutos, ni sirve a ningún "dios" aparte de la mente humana. El rey Salomón escribió de estos necios esfuerzos en Proverbios 14:12: "Hay camino que al hombre le parece derecho; pero su fin es camino de muerte".

Ahora bien, es verdad que las respuestas dadas a las preguntas que aparecen en este libro también contienen muchas sugerencias y perspectivas cuya validez no he tratado de demostrar. ¿Cuál es la diferencia entre mis recomendaciones y las que he criticado? La diferencia se encuentra en la *fuente* de las mismas. Los principios fundamentales expresados aquí no son mis propias ideas novedosas, que se olvidarían muy pronto. En vez de eso, se originaron con los escritores bíblicos inspirados, que nos dieron el fundamento para todo lo importante en nuestras vidas. Como tales, estos principios han sido transmitidos de generación a generación, hasta el día de hoy. Nuestros antepasados se los enseñaron a sus hijos, los cuales se los enseñaron a los suyos propios, manteniendo su conocimiento vivo para la posteridad. Ahora, lamentablemente, este conocimiento es puesto en duda enérgicamente en algunos círculos y totalmente olvidado en otros.

Por lo tanto, mi propósito al preparar este libro ha sido expresar con palabras la tradición y la filosofía judeocristianas respecto a la vida familiar en sus diferentes aspectos. Y ¿cuál es ese fundamento filosófico? Consiste del control por los padres de los niños pequeños, con amor y cuidado; una introducción razonable a la autodisciplina y a la responsabilidad; *liderazgo* de los padres teniendo en mente lo que es mejor para el niño; respeto a la dignidad y el valor de cada miembro de la familia; conformidad con las leyes morales de Dios; y un esfuerzo para llevar al máximo el potencial físico y mental de cada individuo desde la infancia en adelante. Esas son las reglas del juego.Si pudiéramos reducir por ebullición los objetivos antes mencionados hasta que solamente quedaran los ingredientes esenciales, los siguientes valores irrefutables permanecerían intactos:

1. La creencia en que la vida humana tiene un valor y una importancia incalculables en todas sus dimensiones, incluyendo a las personas que todavía no han nacido, los ancianos, los viudos, los retrasados mentales, los poco atractivos, los que tienen deficiencias físicas, y todos los que se encuentren en cualquier otra condición en la que se manifiesta la humanidad desde la concepción hasta la tumba.

2. Una dedicación inquebrantable a la institución del matrimonio como una relación permanente, es decir, que debe durar toda la vida, a pesar de las pruebas, las enfermedades, los problemas económicos o las tensiones emocionales que pudieran sobrevenir.

3. Una dedicación a la tarea de tener y criar hijos, incluso en un mundo patas arriba que menosprecia este privilegio procreador.

4. Una dedicación al principal propósito en la vida: llegar a tener vida eterna por medio de Jesucristo nuestro Señor,

comenzando con nuestras familias y luego alcanzando a una humanidad que sufre y que no conoce Su amor y Su sacrificio. Comparado con este objetivo supremo, no hay ningún otro esfuerzo humano que tenga verdadera importancia.

Estos cuatro aspectos de la perspectiva cristiana han sido atacados fuertemente en los últimos años, pero esta filosofía seguirá produciendo resultados mientras que haya padres e hijos viviendo juntos sobre la faz de la tierra. Por seguro, durará más que el humanismo y que los débiles esfuerzos de la humanidad para encontrar un método diferente.

ÍNDICE DE PREGUNTAS

1. El amor romántico

2. Conflictos en el matrimonio

9. ¿Está usted insinuando que una mujer debería arrastrarse delante del marido, como lo hace un perrito sumiso para que su amo le acaricie? *24*

10. Mi esposo se muestra aburrido y sin ningún interés en mí. En público se porta grosero conmigo, y casi no me habla en la casa. Aunque todos los días le ruego que me ame, no consigo nada de él. ¿Cómo puedo salvar mi matrimonio? *26*

11. Mi esposa y yo nos amamos, pero nuestra relación matrimonial se ha estancado en los últimos años. ¿Cómo podemos escapar de este estilo de vida que mata y avivar nuestro matrimonio? *28*

12. Mi esposo es un buen hombre, pero no puede comprender mis necesidades espirituales. ¿Qué me recomienda usted que yo haga? *29*

13. Por favor, explique qué quiere decir usted cuando habla de desarrollar la mejor perspectiva posible en el matrimonio. *31*

14. Mi esposo siempre será un hombre no romántico y poco expresivo. ¿Es el divorcio la respuesta? *32*

15. ¿Por qué hoy los hombres son tan insensibles a las necesidades de las mujeres, aunque se está haciendo toda clase de esfuerzos por comunicarles y hacerles comprender las necesidades que ellas tienen? *35*

16. ¿Está usted diciendo que soy responsable de ayudar a mi esposa para que sus necesidades emocionales sean suplidas? *36*

17. ¿Qué efecto produce en el matrimonio, la ruptura de la relación y del compañerismo entre las mujeres? *38*

3. El ama de casa

18. ¿Por qué el papel de ama de casa y madre no es respetado en nuestra cultura? *39*

19. ¿Han intentado los productores de televisión y de películas destruir o cambiar *deliberadamente* el papel tradicional que es desempeñado por las mujeres? *40*

20. ¿Cuál ha sido el resultado de esta revolución en la identidad del papel sexual femenino, y a dónde nos llevará? *41*

21. ¿Debemos encadenarnos todos al papel tradicional de hombre o de mujer, nos guste o no? ¿Deben tener hijos todas las mujeres, aunque no quieran? *43*

22. ¿Qué les diría usted a las personas que dicen que ser madre y ama de casa es aburrido y monótono? *44*

23. ¿Qué piensa usted en cuanto a las madres que trabajan fuera del hogar, especialmente en las situaciones donde no es necesario económicamente que ellas trabajen? *45*

Nota del editor: Un artículo escrito por una madre que trabaja fuera del hogar, y que examina su doble papel como madre y empleada, comienza en la página *45*.

4. El doctor Dobson habla de las familias

24. ¿Existe una fórmula cristiana que sea completa, para resolver los problemas familiares? *59*

25. ¿Cómo se aplica esa fórmula a los niños que constantemente están peleando y discutiendo? *60*

26. ¿Considera usted que esta compasión es un importante elemento en la temprana educación cristiana? *60*

27. ¿Cómo responde usted a las críticas de las personas que dicen que los principios de usted son demasiado autoritarios? *61*

28. ¿Cuánto afecta el equilibrio químico del cuerpo los ciclos emocionales por los cuales pasamos? O dicho de manera más sencilla: ¿No es más fácil comportarse mejor unos días que otros? *61*

29. ¿Les da usted algún crédito a las teorías del biorritmo? *63*

5. Las diferencias entre hombres y mujeres

6. El significado de la masculinidad

53. ¿Qué es lo que causa este período de trauma, y cómo puedo evitarlo? *91*

54. Estoy experimentando la crisis de la edad madura. ¿Voy a sentirme siempre tan deprimido y desdichado? *92*

7. La sexualidad de los adultos

55. ¿Por qué algunos hombres y mujeres son menos sensuales que otros? *95*

56. Mi esposa está ahora en tratamiento para depresión causada por su falta de deseo sexual. ¿Puede usted ayudarme a comprender lo que ella está sintiendo? *96*

57. ¿Quiere usted explicar por qué el no comprender la individualidad sexual, puede producir un estado continuo de frustración y culpabilidad en el matrimonio? *98*

58. Encuentro que me distraigo fácilmente durante los momentos de relaciones íntimas, especialmente por el temor de que los niños nos oigan. No parece que esto preocupa a mi marido en lo más mínimo. ¿Estoy siendo una tonta por preocuparme por estas cosas? *99*

59. Mi esposo y yo nunca nos acostamos hasta casi la media noche, y para entonces estoy muy cansada para disfrutar de nuestras relaciones sexuales. ¿Hay algo en mí fuera de lo común, o que no está bien, que me impide reaccionar sexualmente de una manera correcta? *100*

60. Mi esposo y yo nunca hablamos del tema del sexo, y esto me hace sentir muy frustrada. ¿Es esto un problema común en el matrimonio? *102*

61. ¿Diría usted que la *mayoría* de los problemas matrimoniales son causados por las dificultades sexuales? *103*

62. ¿Es posible que mi esposa disfrute de nuestra relación sexual, a pesar de que muy raras veces experimenta orgasmos? *103*

8. La homosexualidad

9. Enfrentándose a la menopausia

10. Más allá de la edad madura